AF590718

QU'EST-CE QUE LE TIERS-ÉTAT?

TROISIÈME ÉDITION.

QU'EST-CE QUE LE TIERS-ÉTAT?

TROISIÈME ÉDITION.

« Tant que le *Philosophe* n'excède point les limites de la vérité, ne l'accusez pas d'aller trop loin. Sa fonction est de marquer le but, il faut donc qu'il y soit arrivé. Si restant en chemin, il osoit y élever son enseigne, elle pourroit être trompeuse. Au contraire, le devoir de l'*Administrateur* est de *combiner* et de *graduer* sa marche, suivant la nature des difficultés..... Si le Philosophe n'est au but, il ne sait où il est. Si l'Administrateur ne voit le but, il ne sait où il va. »

BIBLIOTHÈQUE NATIONALE FONDS LE SENNE N°... IMPRIMÉS

1789.

(5)

QU'EST-CE QUE LE TIERS-ÉTAT (1)?

« Tant que le *Philosophe* n'excède point les limites de la vérité, ne l'accusez pas d'aller trop loin. Sa fonction est de marquer le but, il faut donc qu'il y soit arrivé. Si restant en chemin, il osoit y élever son enseigne, elle pourroit être trompeuse. Au contraire, le devoir de l'*Administrateur* est de *combiner* et de *graduer* sa marche, suivant la nature des difficultés..... Si le Philosophe n'est au but, il ne sait où il est. Si l'Administrateur ne voit le but, il ne sait où il va. »

Le plan de cet Écrit est assez simple. Nous avons trois questions à nous faire.

1°. Qu'est-ce que le Tiers-État? — Tout.

2°. Qu'a-t-il été jusqu'à présent dans l'ordre politique ? — Rien.

3°. Que demande-t-il ? — A être quelque chose.

---

(1) Cet Ouvrage composé pendant les *Notables* de 1788, a été publié dans les premiers jours de Janvier 1789. Il peut servir de suite à l'*Essai sur les Privilèges*.

On va voir si les réponses sont justes. Jusques-là, ce seroit à tort qu'on taxeroit d'exagération des vérités dont on n'a pas encore vu les preuves. Nous examinerons ensuite les moyens que l'on a essayés, et ceux que l'on doit prendre, afin que le Tiers-Etat devienne, en effet, *quelque chose*. Ainsi nous dirons :

4°. Ce que les Ministres ont *tenté*, et ce que les Privilégiés eux-mêmes *proposent* en sa faveur.

5°. Ce qu'on auroit *dû* faire.

6°. Enfin, ce qui *reste* à faire au Tiers pour prendre la place qui lui est dûe.

CHAPITRE PREMIER.

Le Tiers-État est une Nation complette.

QUE faut-il pour qu'une Nation subsiste et prospère ? des travaux *particuliers* et des fonctions *publiques*.

On peut renfermer dans quatre classes tous les travaux particuliers ; 1°. la terre et l'eau fournissant la matière première des besoins de l'homme, la première classe, dans l'ordre des idées, sera celle de toutes les familles attachées aux travaux de la Campagne. 2°. Depuis la première vente des matières jusqu'à leur consommation ou leur usage, une nouvelle main-d'œuvre, plus ou moins multipliée, ajoute à ces matières une valeur seconde plus ou moins composée. L'industrie humaine parvient ainsi à perfectionner les bienfaits de la Nature, et le produit brut double, décuple, centuple de valeur. Tels sont les travaux de la seconde classe. 3°. Entre la production et la consommation, comme aussi entre les différens degrés de production, il s'établit une foule d'agens intermédiaires, utiles tant aux Producteurs qu'aux Consommateurs; ce sont les Marchands et les Négocians; les Négocians qui, comparant sans cesse les besoins des lieux et des temps, spéculent sur le profit de la garde et du transport; les Marchands qui se chargent, en dernière analyse, du débit soit en gros, soit en détail. Ce genre d'utilité caractérise la troisième classe. 4°. Outre ces trois classes de Citoyens laborieux et utiles qui s'occupent de l'*objet* propre à la consommation et à l'usage, il faut encore dans une Société, une multitude de travaux particuliers et de soins *directement* utiles ou agréables à la *personne*. Cette quatrième classe embrasse depuis les professions scientifiques et libérales les plus distinguées, jusqu'aux services domestiques les moins estimés.

Tels sont les travaux qui soutiennent la Société. Qui les supporte? Le Tiers-Etat.

Les fonctions publiques peuvent également, dans l'état actuel, se ranger toutes sous quatre dénominations connues, l'Epée, la Robe, l'Eglise et l'Administration. Il seroit superflu de les parcourir en détail pour faire voir que le Tiers-Etat y forme par-tout les dix-neuf Vingtièmes, avec cette différence, qu'il est chargé de tout ce qu'il y a de vraiment pénible, de tous les soins que l'Ordre privilégié refuse d'y remplir. Les places lucratives et honorifiques seules y sont occupées par des Membres de l'Ordre privilégié. Lui en ferons nous un mérite? Il faudroit pour cela, ou que le Tiers refusât de remplir ces places, ou qu'il fût moins en état d'en exercer les fonctions. On sait ce qui en est. Cependant on a osé frapper l'Ordre du Tiers d'interdiction. On lui a dit : « Quels que soient tes services, quels que » soient tes talens, tu iras jusques-là ; tu » ne passeras pas outre. Il n'est pas bon » que tu sois honoré ». De rares exceptions, senties comme elles doivent l'être, ne sont qu'une dérision, et le langage qu'on se permet dans ces occasions, une insulte de plus.

Si cette exclusion est un crime social envers le Tiers-Etat, si c'est une véritable hostilité, pourroit-on dire au moins qu'elle est utile à la chose publique? Eh! ne connoît-on pas les effets du monopole? s'il décourage ceux qu'il écarte, ne sait-on pas qu'il rend moins habiles ceux qu'il favorise? Ne sait-on pas que tout ouvrage dont on éloigne la libre concurrence, sera fait plus chèrement et plus mal?

En dévouant une fonction quelconque à servir d'apanage à un Ordre distinct parmi les Citoyens, a-t-on fait attention que ce n'est plus alors seulement l'homme qui travaille qu'il faut salarier, mais aussi tous ceux de la même Caste qui ne sont pas employés, mais aussi les familles entières de ceux qui sont employés et de ceux qui ne le sont pas? a-t-on remarqué que dès que le Gouvernement devient le patrimoine d'une classe particulière, il s'enfle bientôt hors de toute mesure, les places s'y créent, non pour le besoin des gouvernés, mais pour celui des gouvernans, etc., etc.? a-t-on fait attention que cet ordre de choses, bassement, et j'ose le dire, *bêtement* respecté parmi nous, nous le trouvons, en lisant l'Histoire de l'ancienne Egypte, et les relations de

Voyages aux grandes Indes, méprisable, monstrueux, destructif de toute industrie, ennemi des progrès sociaux, sur-tout avilissant pour l'espèce humaine en général, et intolérable en particulier pour des Européens, etc. etc. (1)? Mais il faut laisser des considérations qui en agrandissant la question, en l'éclairant, peut-être, par de nouveaux jours, ralentiroient pourtant notre marche (2).

Il suffit ici d'avoir fait sentir que la prétendue utilité d'un Ordre privilégié pour le service public, n'est qu'une chimère; que sans lui, tout ce qu'il y a de pénible dans ce service est acquitté par le Tiers; que sans lui, les places supérieures seroient infiniment mieux remplies; qu'elles devroient être naturellement le lot et la récompense des talens et des services reconnus; et que si les Privilégiés sont par-

---

(1) Voyez au sujet des Castes Indiennes, l'*Hist. Phil. & Pol. des deux Indes*, Liv. 1.

(2) Qu'on nous permette seulement de faire observer combien il est souverainement absurde, lorsqu'on soutient, d'un côté, avec éclat que la Nation n'est pas *faite* pour son Chef, de vouloir, d'un autre côté, qu'elle soit *faite* pour les Aristocrates.

venus à usurper tous les postes lucratifs et honorifiques, c'est, tout-à-la-fois, une iniquité odieuse pour la généralité des Citoyens, et une trahison pour la chose publique.

Qui donc oseroit dire que le Tiers-Etat n'a pas en lui tout ce qu'il faut pour former une Nation complette? Il est l'homme fort et robuste dont un bras est encore enchaîné. Si l'on ôtoit l'Ordre privilégié, la Nation ne seroit pas quelque chose de moins, mais quelque chose de plus. Ainsi, qu'est-ce le Tiers? tout, mais un tout entravé et opprimé. Que seroit-il sans l'Ordre privilégié? tout, mais un tout libre et florissant. Rien ne peut aller sans lui, tout iroit infiniment mieux sans les autres.

Il ne suffit pas d'avoir montré que les Privilégiés, loin d'être utiles à la Nation, ne peuvent que l'affoiblir et lui nuire, il faut prouver encore que l'*Ordre* noble (1)

---

(1) Je ne parle pas du Clergé. Si vous le considérez comme un Corps chargé d'un service public, il appartient à l'organisation sociale, puisque tout service public fait partie du gouvernement. Lorsqu'on dit

n'entre point dans l'organisation sociale ; qu'il peut bien être une *charge* pour la Nation, mais qu'il n'en sauroit faire une partie.

---

que le Clergé est plutôt une *Profession* qu'un *Ordre*, les Ecclésiastiques du onzième siècle, ou qui par calcul font semblant d'en être, se plaignent qu'on les déprime ; ils ont tort. C'est précisément parce que le Clergé est une profession, qu'il est quelque chose parmi nous. S'il n'étoit qu'un *Ordre*, il ne seroit rien de réel. Plus on fera de progrès dans la science morale & politique, plus on se convaincra qu'il n'y a dans une Société que des professions privées et des professions publiques. Hors de là, ce ne sont que billevesées, ou dangereuses chimères, ou institutions pernicieuses. Ainsi, quand je soutiens que le Clergé ne doit pas faire un Ordre, ce n'est pas pour le rabaisser au-dessous de la Noblesse. Il ne doit pas faire un *Ordre*, parce qu'il ne doit pas y avoir de distinction d'*Ordres* dans une Nation. Si l'on pouvoit les y admettre, il vaudroit mieux sans doute accorder ce privilége à des hommes qui présenteroient le titre d'une élection sacerdotale, qu'à des hommes qui n'ont pour soutenir leurs prétentions, qu'un extrait de baptême à offrir. Car enfin, on peut bien empêcher un homme sans talens, ou sans probité, d'entrer dans le Clergé ; mais pouvez-vous empêcher quelqu'un d'être né ?

D'abord, il n'est pas possible dans le nombre de toutes les parties élémentaires d'une Nation, de trouver où placer la *Caste* (1) des Nobles. Je sais qu'il est des individus, en trop grand nombre, que les infirmités, l'incapacité, une paresse incurable, ou le torrent des mauvaises mœurs rendent étrangers aux travaux de la Société. L'exception et l'abus sont par-tout à côté de la règle, et sur-tout dans un

(1) C'est le vrai mot. Il désigne une classe d'hommes qui, sans fonctions, comme sans utilité, & par cela seul qu'ils existent, jouissent de priviléges attachés à leur personne. Sous ce point-de-vue, qui est le vrai, il n'y a qu'une Caste privilégiaire, celle de la Noblesse. C'est véritablement un peuple à part, mais un faux peuple, qui ne pouvant, à défaut d'organes utiles, exister par lui-même, s'attache à une Nation réelle, comme ces tumeurs végétales, qui ne peuvent vivre que de la sève des plantes qu'elles fatiguent & dessèchent. Le Clergé, la Robe, l'Epée & l'Administration font quatre classes de Mandataires publics nécessaires par-tout. Pourquoi les accuse-t-on en France d'*aristocracisme*? C'est que la Caste noble en a usurpé toutes les bonnes places; elle s'en est fait comme un bien héréditaire; aussi l'exploite-t-elle, non dans l'esprit de la loi sociale, mais à son profit particulier.

vaste Empire. Mais l'on conviendra que moins il y a de ces abus, mieux l'Etat passe pour être ordonné. Le plus mal ordonné de tous seroit celui où non-seulement des particuliers isolés, mais une classe entière de Citoyens mettroit sa gloire à rester immobile au milieu du mouvement général, et sauroit consumer la meilleure part du produit, sans avoir concouru en rien à le faire naître. Une telle classe est assurément étrangère à la Nation par sa *fainéantise*.

L'Ordre Noble n'est pas moins étranger au milieu de nous, par ses prérogatives *civiles & politiques*.

Qu'est-ce qu'une Nation? un corps d'Associés vivant sous une loi *commune*, et représentés par la même *législature*, etc.

N'est-il pas trop certain que l'Ordre noble a des priviléges, des dispenses, qu'il ose appeller ses droits, séparés des droits du grand corps des Citoyens? Il sort par-là de l'ordre commun, de la loi commune. Ainsi ses droits civils en font déjà un Peuple à part dans la grande Nation. C'est véritablement *imperium in imperio*.

A l'égard de ses droits *politiques*, il les

exerce aussi à part. Il a ses représentans à lui, qui ne sont nullement chargés de la procuration des Peuples. Le corps de ses Députés siége à part; et quand il s'assembleroit dans une même salle avec les Députés des simples Citoyens, il n'en est pas moins vrai que sa représentation est essentiellement distincte et séparée : elle est étrangère à la Nation, d'abord par son *principe*, puisque sa mission ne vient pas du Peuple; ensuite par son *objet*, puisqu'il consiste à défendre, non l'intérêt général, mais l'intérêt particulier.

Le Tiers embrasse donc tout ce qui appartient à la Nation; et tout ce qui n'est pas le Tiers, ne peut pas se regarder comme étant de la Nation. Qu'est-ce que le Tiers? TOUT (1).

---

(1) Un Auteur estimable a voulu être plus exact. Il a dit : Le Tiers-Etat est la Nation *moins* le Clergé & la Noblesse. J'avoue que je n'aurois jamais eu la force d'annoncer cette grande vérité. Quelqu'un peut venir, qui dira : La Noblesse est la Nation *moins* le Clergé & le Tiers-Etat; le Clergé est la Nation *moins* le Tiers-Etat & la Noblesse. Ce sont-là assurément des propositions géométriquement démontrées. Je vous en demande pardon; mais si vous n'avez pas

eu le projet de n'articuler qu'une vérité simplement niaise; si vous avez conçu auparavant ce qu'est une Nation, quelles en sont les parties intégrantes, comment il n'y a que des travaux publics & des travaux particuliers, & comment le Tiers-Etat suffit pour remplir tous ces travaux; si vous avez observé que les secours que l'Etat retire, à cet égard, d'une Caste privilégiée sont excessivement ruineux; si vous avez vu qu'à ces tristes privilèges tiennent toutes les erreurs & tous les maux qui affligent et affligeront long-temps encore la Nation Françoise; si vous savez qu'il ne faut dans une Monarchie, comme dans tous les régimes politiques quelconques, que des gouvernans & des gouvernés, et qu'une Caste, à qui le plus sot préjugé permet d'usurper toutes les places & de vivre de priviléges, n'offrira bientôt que des gouvernans avec despotisme, & des gouvernés avec insubordination, qu'elle sera la plus rude charge que le Ciel, dans sa colère, ait pu imposer à un peuple, & deviendra un obstacle presqu'insurmontable à tout projet de retour à la justice, à tous progrès vers l'ordre social; si votre esprit, dis-je, a saisi promptement toutes ces vérités & mille autres qui appartiennent également à notre sujet: comment n'avoir pas énoncé franchement que le Tiers est tout? Comment avez-vous pu conclure une telle suite de considérations par ce froid corollaire: Le Tiers est la Nation *moins* le Clergé & la Noblesse.

CHAPITRE II.

Qu'est-ce que le Tiers-État a été jusqu'à présent? Rien.

Nous n'examinerons point l'état de servitude où le Peuple a gémi si long-temps, non plus que celui de contrainte et d'humiliation où il est encore retenu. Sa condition civile a changé; elle doit changer encore : il est bien impossible que la Nation en corps, ou même qu'aucun Ordre en particulier devienne libre, si le Tiers-Etat ne l'est pas. On n'est pas libre par des priviléges, mais par les droits de Citoyen : droits qui appartiennent à tous.

Que si les Aristocrates entreprennent, au prix même de cette liberté, dont ils se montreroient indignes, de retenir le Peuple dans l'oppression, il osera demander à quel titre. Si l'on répond à titre de conquête : il faut en convenir, ce sera vouloir remonter un peu haut. Mais le Tiers ne doit pas craindre de remonter dans

dans les temps passés. Il se reportera à l'année qui a précédé la conquête ; et puisqu'il est aujourd'hui assez fort pour ne pas se laisser conquérir, sa résistance sans doute sera plus efficace. Pourquoi ne renverroit-il pas dans les forêts de la Franconie toutes ces familles qui conservent la folle prétention d'être issues de la race des Conquérans, et d'avoir succédé à *des droits de conquête?*

La Nation, alors épurée, pourra se consoler, je pense, d'être réduite à ne se plus croire composée que des descendans des Gaulois et des Romains. En vérité, si l'on tient à vouloir distinguer naissance et naissance, ne pourroit-on pas révéler à nos pauvres Concitoyens que celle qu'on tire des Gaulois et des Romains, vaut au moins autant que celle qui viendroit des Sicambres, des Welches, et autres Sauvages sortis des bois et des marais de l'ancienne Germanie? Oui, dira-t-on; mais la conquête a dérangé tous les rapports, et la Noblesse de naissance a passé du côté des Conquérans. Eh bien! il faut la faire repasser de l'autre côté; le Tiers redaviendra Noble en devenant Conquérant à son tour.

Mais, si tout est mêlé dans les races, si le sang des Francs, qui n'en vaudroit pas mieux séparé, coule confondu avec celui des Gaulois, si les ancêtres du Tiers-Etat sont les pères de la Nation entière, ne peut-on espérer de voir cesser un jour ce long parricide qu'une classe s'honore de commettre journellement contre toutes les autres? Pourquoi la raison et la justice fortes, un jour, autant que la vanité, ne presseroient-elles pas les privilégiés de solliciter eux-mêmes, par un intérêt nouveau, mais plus vrai, plus social, leur *réhabilitation* dans l'Ordre du Tiers-Etat?

Suivons notre objet. Il faut entendre par le Tiers-Etat, l'ensemble des Citoyens qui appartiennent à l'Ordre commun. Tout ce qui est privilégié par la Loi, de quelque manière qu'il le soit, sort de l'ordre commun, fait exception à la loi commune, et par conséquent n'appartient point au Tiers-Etat. Nous l'avons dit : une loi commune, et une représentation commune, voilà ce qui fait *une* Nation. Il est trop vrai, sans doute, que l'on n'est *rien* en France, quand on n'a pour soi que la protection de la loi commune : si l'on ne tient pas à quelque privilége, il faut se résoudre à endurer le mépris, l'injure et les vexations de toute espèce. Pour s'empêcher d'être tout-à-fait écrasé, que reste-t-il au malheureux non-Privilégié? la ressource de s'attacher par toutes sortes de bassesses à un Grand; il achète au prix de ses mœurs et de la dignité d'homme, la faculté de pouvoir, dans les occasions, se réclamer de *quelqu'un*.

Mais c'est moins dans son état civil que dans ses rapports avec la Constitution, que nous avons à considérer ici l'Ordre du Tiers. Voyons ce qu'il est aux Etats-Généraux.

Quels ont été ses prétendus Représentans? Des Anoblis ou des Privilégiés à terme. Ces faux Députés n'ont pas même toujours été l'ouvrage libre de l'élection des Peuples. Quelquefois aux Etats-Généraux, et presque par-tout dans les Etats-Provinciaux, la représentation du Peuple est regardée comme un droit de certaines Charges ou Offices.

L'ancienne Noblesse ne peut pas souffrir les nouveaux Nobles ; elle ne leur permet de siéger avec elle, que lorsqu'ils peuvent prouver, comme l'on dit, quatre générations et cent ans. Ainsi, elle les repousse dans l'Ordre du Tiers-Etat, auquel évidemment ils n'appartiennent plus (1).

---

(1) L'ancienne vanité vient sur cela de céder à un intérêt mieux entendu. Dans les Pays d'Election, la Noblesse des Bailliages a senti qu'il n'étoit pas adroit d'irriter les nouveaux Nobles & de les forcer de soutenir, par dépit, le parti du Tiers. Les Pays-d'Etats, &c. avoient adopté cette conduite mal-habile. L'expérience a montré que c'étoit une faute ; on s'en corrige, & l'on admet tous ceux dont la Noblesse est *transmissible*, de sorte que plusieurs personnes qui, dans les Pays-d'Etats et les Assemblées provinciales, n'avoient pu siéger que dans le Tiers, ont été dans les Bailliages, & seront aux Etats-Généraux, reçues sans difficulté dans l'Ordre de la Noblesse. Mais encore, que signifie cette distinction entre les Nobles qui peuvent transmettre la noblesse, & ceux qui ne peuvent pas, dit-on, la *transmettre?* eh bien! qu'ils ne la *transmettent* pas, cela ne regarde que leurs enfans ; mais il n'est pas question de faire délibérer, dans nos assemblées, les enfans à qui leurs pères n'ont pas encore transmis la noblesse ; il ne

Cependant aux yeux de la Loi, tous les Nobles sont égaux, celui d'hier comme celui qui réussit bien ou mal à cacher son origine ou son usurpation. Tous ont les mêmes priviléges. L'opinion seule les distingue. Mais si le Tiers-Etat est forcé de supporter un préjugé consacré par la Loi, il n'y a pas de raison pour qu'il se soumette à un préjugé contre le texte de la Loi.

Qu'on fasse des nouveaux Nobles tout ce qu'on voudra; il est sûr que dès l'instant qu'un Citoyen acquiert des priviléges contraires au droit commun, il n'est plus de l'ordre commun. Son nouvel intérêt est opposé à l'intérêt général; il est inhabile à voter pour le Peuple.

Ce principe incontestable écarte pareillement de la représentation de l'Ordre du

---

s'agit que des pères qui sûrement ont acquis, au moins pour eux, en vertu d'un brevet, ce que vous dites qu'ils n'ont point encore acquis pour leur génération : *personnellement* ils sont Nobles ; admettez donc leur *personne* à voter dans l'enceinte de la Noblesse.

Tiers les simples Privilégiés à terme. Leur intérêt est aussi plus ou moins ennemi de l'intérêt commun ; et quoique l'opinion les range dans le Tiers-Etat, et que la Loi reste muette à leur égard, la nature des choses, plus forte que l'opinion et la loi, les place invinciblement hors de l'Ordre commun.

Dira-t-on que vouloir distraire du Tiers-Etat non-seulement les Privilégiés héréditaires, mais encore ceux qui ne jouissent que de priviléges à terme, c'est vouloir, de gaieté de cœur, affoiblir cet Ordre, en le privant de ses Membres les plus éclairés, les plus courageux et les plus estimés ?

Il s'en faut bien que je veuille diminuer la force ou la dignité du Tiers-Etat, puisqu'il se confond toujours dans mon esprit avec l'idée d'une Nation. Mais quel que soit le motif qui nous dirige, pouvons-nous faire que la vérité ne soit pas la vérité ? Parce qu'une armée a eu le malheur de voir déserter ses meilleures troupes, faut-il encore qu'elle leur confie son camp à défendre ? Tout privilége, on ne sauroit trop le répéter, est opposé au droit commun; donc tous les privilégiés, sans distinction, forment une classe différente et opposée au Tiers-Etat. En même temps j'observe que cette vérité ne doit rien avoir d'alarmant pour les amis du Peuple. Au contraire, elle ramène au grand intérêt national, en faisant sentir avec force la nécessité de supprimer à l'instant tous les priviléges à terme (1) qui divisent le Tiers-Etat, et sembleroient condamner cet Ordre à mettre ses destinées entre les mains de ses ennemis. Au reste il ne faut point séparer cette observation de celle qui suit : l'abolition des priviléges dans le Tiers-Etat n'est pas la perte des exemptions dont quelques-uns de ses Membres jouissent. Ces exemptions ne sont autre chose que le droit commun. Il a été souverainement injuste d'en priver la généralité du Peuple. Ainsi je réclame, non la perte d'un droit, mais sa restitution (2);

---

(1) Quelques Officiers-Municipaux, les Procureurs au Présidial de Rennes, &c. ont déjà donné le bel exemple de renoncer à toutes exemptions ou priviléges qui les distingueroient du Peuple.

(2) Il est sûr que la communauté des priviléges est

et si l'on m'oppose qu'en rendant communs quelques-uns de ces priviléges, comme par exemple celui de ne point tirer à la Milice (1), on s'interdiroit le moyen de remplir un besoin social, je réponds que tout besoin public doit être à la charge de tout le monde, et non d'une classe particulière de Citoyens, et qu'il faut être aussi étranger à toute réflexion qu'à toute équité, pour ne pas trouver un moyen plus national de compléter et de maintenir tel état militaire qu'on veuille avoir.

Ainsi, soit à défaut total d'élection, soit pour n'avoir pas été élus par la généralité des membres du Tiers des villes & des

---

le meilleur moyen de rapprocher les Ordres, & de préparer la plus importante des loix, celle qui convertira les Ordres en *une* Nation.

(1) Je ne puis m'empêcher de marquer mon étonnement de ce que les Gentilshommes sont exempts de tirer à la Milice! C'est mépriser bien haut le seul prétexte auquel on cherche à rallier tant de prétentions surannées! De quoi demandera-t-on le prix, si ce n'est *du sang versé pour le Roi?* M. C.... par sa citation, a frappé cet éternel refrain d'un ridicule ineffaçable : « Le sang du Peuple étoit-il donc de l'eau! »

campagnes qui avoient droit à se faire représenter, soit parce qu'à titre de privilégiés, ils n'étoient pas même éligibles, les prétendus Députés du Tiers qui ont paru jusqu'à présent aux Etats-Généraux, n'avoient point la véritable procuration du Peuple.

On paroît quelquefois étonné d'entendre se plaindre d'une triple *aristocratie* d'Eglise, d'Epée et de Robe. On veut que ce ne soit là qu'une manière de parler; mais cette expression doit être prise à la rigueur. Si les Etats-Généraux sont l'interprète de la volonté générale, et ont, à ce titre, le pouvoir législatif, n'est-il pas certain que là est une véritable aristocratie, où les Etats-Généraux ne sont qu'une Assemblée *Clérico-Nobili-Judicielle*.

Ajoutez à cette effrayante vérité que, d'une manière ou d'autre, toutes les branches du pouvoir exécutif sont tombées aussi dans la Caste qui fournit l'Eglise, la Robe et l'Epée. Une sorte d'esprit de confraternité ou de *compérage* fait que les Nobles se préfèrent entre eux, et pour tout, au reste de la Nation. L'usurpation est complette ; ils règnent véritablement.

Qu'on lise l'Histoire avec le projet d'examiner si les faits sont conformes ou contraires à cette assertion, et l'on s'assurera, j'en ai fait l'expérience, que c'est une grande erreur de croire que la France soit soumise à un régime monarchique. Otez de nos annales quelques années de Louis XI, de Richelieu, et quelques momens de Louis XIV, où l'on ne voit que despotisme tout pur, vous croirez lire l'histoire d'une aristocratie *aulique*. C'est la Cour qui a regné et non le Monarque. C'est la Cour qui fait et défait, qui appelle et renvoie les Ministres, qui crée et distribue les places, etc. Et qu'est-ce que la Cour, sinon la tête de cette immense aristocratie qui couvre toutes les parties de la France, qui par ses Membres atteint à tout, et exerce par-tout ce qu'il y a d'essentiel dans toutes les parties de la chose publique ? Aussi le Peuple s'est il accoutumé à séparer dans ses murmures le Monarque, des moteurs du pouvoir. Il a toujours regardé le Roi comme un homme si sûrement trompé, et tellement sans défense au milieu d'une Cour active et toute-puissante, qu'il n'a jamais pensé à lui imputer tout le mal qui s'est fait sous son nom. Ne suffit-il pas enfin d'ouvrir les yeux sur ce qui se passe, en ce moment, autour de nous? Que voit-on? l'aristocratie seule, combattant, tout à la fois, la Raison, la Justice, le Peuple, le Ministre et le Roi. L'issue de cette terrible lutte est encore incertaine; qu'on dise si l'aristocratie est une chimère!

Résumons : le Tiers-Etat n'a pas eu jusqu'à présent de vrais représentans aux Etats-Généraux. Ainsi ses droits politiques sont nuls.

CHAPITRE III.

Que demande le Tiers-État? à devenir quelque chose.

Il ne faut point juger de ses demandes par les observations isolées de quelques Auteurs plus ou moins instruits des droits de l'homme. Le Tiers-Etat est encore fort reculé à cet égard, je ne dis pas seulement sur les lumières de ceux qui ont étudié l'ordre social, mais encore sur cette masse d'idées communes qui forment l'opinion publique. On ne peut apprécier les véritables pétitions du Tiers que par les réclamations authentiques que les grandes Municipalités du Royaume ont adressées au Gouvernement. Qu'y voit-on? que le Peuple veut être *quelque chose*, et en vérité le moins qu'il est possible. Il veut avoir, 1°. de vrais Représentans aux Etats-Généraux, c'est-à-dire, des Députés *tirés de son Ordre*, qui soient habiles à être les interprètes de son vœu et les défenseurs de ses intérêts. Mais à quoi lui serviroit d'assister aux Etats-Généraux, si l'intérêt contraire au sien y prédominoit? Il ne feroit que consacrer par sa présence l'oppression dont il seroit l'éternelle victime. Ainsi, il est bien certain qu'il ne peut venir voter aux Etats-Généraux, s'il ne doit pas y avoir *une influence au moins égale à celle des Privilégiés*, et il demande, 2°. un nombre de Représentans égal à celui des deux autres Ordres ensemble. Enfin, cette égalité de représentation deviendroit parfaitement illusoire, si chaque chambre avoit sa voix séparée. Le Tiers demande donc, 3°. que les votes y soient pris *par têtes & non par Ordres* (1). Voilà à quoi se réduisent ces réclamations qui ont paru jeter l'alarme chez les Privilégiés; ils ont cru que par cela

---

(1) Par le Résultat du Conseil du 27 Décembre, on vient de lui *accorder* la seconde demande, sans s'expliquer sur la troisième, et en lui refusant tout net la première. Mais n'est-il pas évident que l'une ne peut pas aller sans l'autre? Elles forment un tout. En détruire une, c'est les annuller toutes les trois. Nous dirons plus bas à qui il appartient de prononcer sur tout ce qui touche à la Constitution.

seul la réforme des abus devenoit indispensable.

La modeste intention du Tiers-Etat est d'avoir aux Etats-Généraux une influence *égale* à celle des Privilégiés. Je le répète, peut-il demander moins ? et n'est-il pas clair que si son influence y est au-dessous de l'égalité, on ne peut pas espérer qu'il sorte de sa nullité politique et qu'il devienne *quelque chose?*

Mais ce qu'il y a de véritablement malheureux, c'est que les trois articles qui forment la réclamation du Tiers sont insuffisans pour lui donner cette égalite d'influence dont il ne peut point en effet se passer. Vainement obtiendra-t-il un nombre égal de Représentans tirés de son Ordre : l'influence des Privilégiés viendra toujours se placer et dominer dans le sanctuaire même du Tiers. Où sont les postes, les emplois, les bénéfices à donner ? De quel côté est le besoin de la protection ; et de quel côté, le pouvoir de protéger ? Il y a dans cette seule considération de quoi faire trembler tous les amis du Peuple.

Ceux des non-Privilégiés, qui paroîtroient les plus propres par leurs talens, à soutenir les intérêts de leur Ordre, ne sont-ils pas élevés dans un respect superstitieux ou forcé envers la Noblesse? On sait combien les hommes en général sont faciles à se plier à toutes les habitudes qui peuvent leur devenir utiles. Ils s'occupent constamment d'améliorer leur sort; et lorsque l'industrie personnelle ne peut avancer par les voies honnêtes, elle se jette dans de fausses routes. Nous lisons que, chez des Peuples anciens, on accoutumoit les enfans à ne recevoir leur nourriture, qu'après s'être livrés à des exercices ou violens ou adroits. C'étoit le moyen de les y faire exceller. Parmi nous, la classe la plus habile du Tiers-Etat est forcée, pour obtenir son nécessaire, de s'exercer à la flatterie, et de se vouer au service des hommes puissans, sorte d'éducation moins honorable, moins sociale, mais tout aussi efficace. Cette malheureuse partie de la Nation en est venue à former comme une grande anti-chambre, où sans cesse occupée de ce que disent ou font ses Maîtres, elle est toujours prête à tout sacrifier aux fruits qu'elle se promet du bonheur de plaire. A voir de pareilles mœurs, comment ne pas craindre que le qualités les plus propres à la défense de l'intérêt national, ne soient prostituées à celle des préjugés? Les défenseurs les plus hardis de l'aristocratie seront dans l'Ordre du Tiers-Etat, et parmi les hommes qui, nés avec beaucoup d'esprit et peu d'ame, sont aussi avides de fortune, de pouvoir et des caresses des Grands, qu'incapables de sentir le prix de la liberté.

Outre l'empire de l'aristocratie, qui en France dispose de tout, et de cette superstition féodale qui avilit encore la plupart des esprits, il y a l'influence de la propriété : celle-ci est naturelle, je ne la proscris point; mais on conviendra qu'elle est encore toute à l'avantage des Privilégiés, et qu'on peut redouter avec raison qu'elle ne leur prête son puissant appui contre le Tiers-Etat. Les Municipalités ont cru trop facilement qu'il suffisoit d'écarter la personne des Privilégiés de la représentation du Peuple, pour être à l'abri de l'influence des priviléges. Dans les Campagnes et par-tout, quel est le Seigneur un peu populaire qui n'ait à ses ordres, s'il le veut bien, une foule indéfinie d'hom-

mes

mes du Peuple? Calculez les suites et les contre-coups de cette première influence, et rassurez-vous, si vous le pouvez, sur les résultats d'une Assemblée que vous voyez fort loin des premiers Comices, mais qui n'en est pas moins une combinaison de ces premiers élémens. Plus on considère ce sujet, plus on apperçoit l'insuffisance des trois demandes du Tiers. Mais enfin, telles qu'elles sont, on les a attaquées avec force : examinons les prétextes d'une hostilité aussi odieuse.

§. I.

Première Demande.

Que les Représentans du Tiers-Etat ne soient choisis que parmi les Citoyens qui appartiennent véritablement au Tiers.

Nous avons déjà expliqué que, pour appartenir véritablement au Tiers, il ne falloit être taché d'aucune espèce de privilége, ou qu'il falloit s'en purger sur le champ, et complètement.

Les Gens de Robe parvenus à la Noblesse par une porte qu'ils ont arrêté, on ne sait pas pourquoi, de fermer apres eux (1), veulent à toute force être des Etats-Généraux. Ils se sont dit : la Noblesse ne veut pas de nous; nous ne voulons pas du Tiers : s'il étoit possible que nous formassions un Ordre particulier, cela seroit admirable ; mais nous ne le pouvons pas. Comment faire ? il ne nous reste qu'à maintenir l'ancien abus par lequel le Tiers députoit des Nobles, et par-là nous satisferons nos desirs, sans manquer à nos prétentions. Tous les nouveaux Nobles, quelle que soit leur origine, se sont hâtés de répéter dans le même esprit, il faut que le Tiers puisse députer des Gentilshommes. La vieille Noblesse, qui se dit la bonne, n'a pas le même intérêt à conserver cet abus; mais elle sait calculer. Elle a dit : nous met-

---

(1) Ils disent qu'ils veulent dorénavant *se bien composer*, et dans ce dessein, qui mène à l'orgueil par l'humilité, puisque c'est supposer qu'ils étoient *mauvaise compagnie*, ils ont adopté une mesure avec laquelle toutes les Places de la Robe ne pourront plus guère appartenir qu'aux familles qui les possèdent aujourd'hui. On se souvient de ce que nous avons dit plus haut de l'aristocracisme avide de tous les pouvoirs.

trons nos enfans dans la Chambre des Communes, et en tout, c'est une excellente idée que de nous charger de représenter le Tiers.

Une fois la volonté bien décidée, les raisons, comme l'on sait, ne manquent jamais. Il faut, a-t-on dit, conserver l'ancien *usage*.... excellent usage, qui, pour représenter le Tiers, l'a positivement exclus, jusqu'à ce moment, de la représentation! L'Ordre du Tiers a ses droits politiques, comme ses droits civils; il doit exercer par lui-même les uns comme les autres (1). Quelle idée que celle de *distinguer* les Ordres pour l'utilité des deux premiers, et le malheur du troisième; et de les *confondre* dès que cela est encore utile aux deux premiers, et nuisible à la Nation! Quel usage à maintenir, que celui en vertu duquel les Ecclésiastiques et les Nobles pourroient s'emparer de la chambre du Tiers! De bonne-foi, se croiroient-ils représentés si le Tiers pouvoit envahir la députation de leurs Ordres?

---

(1) Ce principe est de la plus grande importance. Il sera développé plus bas.

Il est permis, pour montrer le vice d'un principe, d'en pousser les conséquences jusqu'où elles peuvent aller. Je me sers de ce moyen, et je dis : Si les Gens des trois Etats se permettent de donner indifféremment leur procuration à qui il leur plaît, il est possible qu'il n'y ait que des Membres d'un seul Ordre à l'Assemblée. Admettroit-on, par exemple, que le Clergé seul pût représenter toute la Nation ?

Je vais plus loin : après avoir chargé un Ordre de la confiance des trois Etats, réunissons sur un seul individu la procuration de tous le Citoyens : soutiendra-t-on qu'un seul individu pourroit remplacer les Etats-Généraux? Quand un principe mène à des conséquences absurdes, c'est qu'il est mauvais.

On ajoute que c'est nuire à la liberté des Commettans, que de les borner dans leur choix. J'ai deux réponses à faire à cette prétendue difficulté. La première : qu'elle est de mauvaise-foi, et je le prouve. On connoît la domination des Seigneurs sur les Paysans et autres Habitans des campagnes; on connoît les manoeuvres accoutumées ou possibles de leurs nombreux Agens, y compris les Officiers de leurs Justices. Donc, tout Seigneur qui voudra influencer la première Election, est, en général, assuré de se faire députer au Bailliage, où il ne s'agira plus que de choisir parmi les Seigneurs eux-mêmes ou parmi ceux qui ont mérité leur plus intime confiance. Est-ce pour la liberté du Peuple que vous vous ménagez le pouvoir de surprendre et dérober sa confiance? Il est affreux d'entendre profaner le nom sacré de la liberté, pour cacher les desseins qui y sont le plus contraires. Sans doute, il faut laisser aux Commettans toute leur liberté, et c'est pour cela même qu'il est nécessaire d'exclure de leur députation tous les Privilégiés trop accoutumés à dominer impérieusement le Peuple.

Ma seconde réponse est directe. Il ne peut y avoir, dans aucun genre, une liberté ou un droit sans limites. Dans tous les pays, la Loi a fixé des caractères certains, sans lesquels on ne peut être ni électeur ni éligible. Ainsi, par exemple, la Loi doit déterminer un âge au-dessous duquel on sera inhabile à représenter ses

Concitoyens. Ainsi les femmes sont partout, bien ou mal, éloignées de ces sortes de procurations. Il est constant qu'un vagabond, un mendiant, ne peuvent être chargés de la confiance politique des Peuples. Un domestique, et tout ce qui est dans la dépendance d'un maître, un étranger non-naturalisé, seroient-ils admis à figurer parmi les Représentans de la Nation? La liberté politique a donc ses limites comme la liberté civile. Il s'agit seulement de savoir si la condition de non-éligibilité que le Tiers réclame, n'est pas aussi essentielle que toutes celles que je viens d'indiquer. Or, la comparaison est toute en sa faveur; car un mendiant, un étranger, peuvent n'avoir pas un intérêt opposé à l'intérêt du Tiers; au lieu que le Noble et l'Ecclésiastique sont, par état, amis des priviléges dont ils profitent. Ainsi la condition exigée par le Tiers, est pour lui la plus importante de toutes celles que la Loi, d'accord avec l'équité et la nature des choses, doit mettre au choix des Représentans.

Pour faire ressortir davantage ce raisonnement, je fais une hypothèse. Je suppose que la France est en guerre avec l'Angleterre, et que tout ce qui est relatif aux hostilités se conduit, chez nous, par un Directoire composé de Représentans. Dans ce cas, je le demande, permettroit-on aux Provinces, sous prétexte de ne pas choquer leur liberté, de choisir, pour leurs Députés au Directoire, des Membres du Ministère Anglois? Certes, les Privilégiés ne se montrent pas moins ennemis de l'ordre commun, que les Anglois ne le sont des François en temps de guerre. Parmi les images qui se multiplient et se pressent dans mon cerveau, j'en choisis encore une. S'il étoit question d'une diète générale des Peuples maritimes, pour régler la liberté et la sûreté de la navigation, croyez-vous que Gènes, Livourne, Venise, etc. choisiroient leurs Ministres plénipotentiaires chez les Barbaresques, ou que cette loi fût bonne, qui permettroit à de riches forbans d'acheter ou de séduire les voix à Gènes, etc. Je ne sais si cette comparaison est exagérée, mais elle éclaircit, à mon gré, ce que j'avois à dire; au surplus, j'espère comme un autre, puisque les lumières ne peuvent pas rester long-temps sans effet, que les aristocrates cesseront un jour de se montrer les Algériens de la France.

Par une suite de ces principes, on ne doit point souffrir que ceux du Tiers, qui appartiennent trop exclusivement aux Membres des deux premiers Ordres, puissent être chargés de la confiance des Communes. On sent qu'ils en sont incapables par leur position dépendante ; et cependant, si l'exclusion n'étoit pas formelle, l'influence des Seigneurs, devenue inutile pour eux-mêmes, ne manqueroit pas de s'exercer en faveur des gens dont ils disposent. Je demande, sur-tout, qu'on fasse attention aux nombreux agens de la Féodalité (1). C'est aux restes odieux de

---

(1) Des vexations sans nombre de la part de ces agens, désolent encore les campagnes. On peut dire que l'Ordre privilégié traîne une queue aussi fâcheuse que lui-même. Le fisc avec ses cent bras ne pèse pas plus fortement sur les peuples. Eh bien ! n'est-il pas inconcevable que les aristocrates osent se faire un titre de tant de maux pour insinuer au peuple que ses véritables ennemis sont dans le Tiers-Etat, comme si les suppôts de la féodalité, comme si les gens de toutes livrées et de toutes dénominations qui vivent

ce régime barbare que nous devons la division, encore subsistante, pour le malheur de la France, de trois Ordres ennemis l'un de l'autre. Tout seroit perdu si les Mandataires de la Féodalité venoient à usurper la députation de l'Ordre commun. Qui ne sait que les serviteurs se montrent plus âpres et plus hardis pour l'intérêt de leurs maîtres, que les maîtres eux-mêmes. Je sais que cette proscription s'étend sur beaucoup de monde, puisqu'elle regarde, en particulier, tous les Officiers des Justices seigneuriales (1), etc.;

---

dans la dépendance de l'aristocratie appartenoient véritablement au Tiers-Etat? Il n'est que trop vrai, les plus dangereux ennemis du peuple sont dans ces classes détachées de l'intérêt national, quoique ce ne soit pas sous le nom d'*Ordres*, que les privilégiés soudoyent à leur service. En France, en Hollande et par-tout, on a de terribles exemples de la coalition naturelle entre la dernière classe de la société & les Ordres privilégiaires. Disons la vérité, dans tous les pays du monde, la C....... appartient à l'Aristocratie.

(1) *Des justices patrimoniales!* Il est difficile d'imaginer rien de plus contraire à la saine politique. C'est aux Jurisconsultes que nous devons d'avoir

mais c'est ici la force des choses qui commande.

---

relevé le plus qu'ils ont pu des ruines de l'anarchie féodale; d'avoir revêtu ce ténébreux échafaudage d'une apparence de forme légale, et peut-être d'y avoir semé des piéges nouveaux. Il faut avoir une singulière idée de la *propriété* pour y confondre les *fonctions publiques*, et pour voir sans étonnement dans un pays que l'on dit si monarchique, le sceptre brisé en mille morceaux, & les voleurs transformés en propriétaires légitimes. Ne devroit-on pas s'appercevoir que sous ce mot non défini de *propriété*, il a pu se glisser ce qu'il y a de plus opposé à la véritable propriété, par exemple, le *droit* de nuire aux autres? Y a-t-il une possession, quelque longue qu'elle soit, qui puisse légitimer un tel désordre? Nous ne parlons plus des fonctions publiques qui, sans doute, ne peuvent jamais devenir la propriété d'un particulier, ni être distraites du devoir souverain; je parle des usurpations manifestes sur la liberté ou la propriété *communes*. Je demande qu'on m'explique ce que c'est qu'un *Seigneur*, et d'où vient qu'il faut des *vassaux*? Ces rapports métaphysiques (car je ne parle point des obligations pécuniaires ou réelles) appartiennent-ils à une bonne association politique? Il est certainement possible que le terme tutélaire de *propriété* couvre des vols réels, de ces vols qui ne prescrivent point. Je suppose, en effet, qu'à défaut de Police, Cartouche se fût établi plus solidement sur

Le Dauphiné a donné sur cela un grand exemple. Il est nécessaire d'écarter, comme lui, de l'éligibilité du Tiers, les gens du fisc et leurs cautions, ceux de l'Administration, etc. Quant aux Fermiers des biens appartenans aux deux premiers Ordres, je pense bien aussi que, dans leur condition actuelle, ils sont trop dépendans pour voter librement en faveur de l'Ordre commun. Mais ne puis-je espérer

---

un grand chemin, auroit-il acquis un véritable droit de péage? S'il avoit eu le temps de vendre cette sorte de monopole, jadis assez commun, à un successeur de bonne foi, son droit en seroit-il devenu plus respectable dans les mains de l'acquéreur? Pourquoi regarde-t-on toujours la restitution comme un acte moins juste, ou plus impossible que le vol? En troisième lieu, il y a des possessions d'une origine légale, qui peuvent néanmoins être jugées nuisibles à la chose publique; celles-là attendent, avec raison, une indemnité, mais encore faut-il les éteindre. Après ce triage politique, si juste et si nécessaire, soyez sûr que nous tomberons tous à genoux devant le nom sacré de la *propriété*, et ne croyez pas que celui qui possède le moins, y soit moins intéressé que celui qui possède le plus; ne croyez pas sur-tout que ce soit attaquer la véritable propriété, que de décrier la fausse.

que le Législateur consentira un jour à s'éclairer sur les intérêts de l'agriculture, sur ceux du *civisme*, et de la prospérité publique; qu'il cessera enfin de confondre l'âpreté fiscale avec l'œuvre du gouvernement? Alors on permettra, on favorisera même les *baux à vie* sur la tête du Fermier, et nous ne les regarderons plus, ces Fermiers si précieux, que comme des tenanciers libres, très-propres assurément à soutenir les intérêts de la Nation (1).

---

(1) Un Aristocrate qui veut plaisanter sur ce qu'il appelle les prétentions du Tiers-Etat, affecte toujours de confondre cet Ordre avec son Sellier, son Cordonnier, &c.; il choisit alors le langage qu'il croit le plus propre à inspirer du mépris pour les gens dont il parle. Mais, pourquoi les métiers les moins relevés déshonoreroient-ils l'*Ordre du Tiers*, puisqu'ils ne déshonorent point une *Nation?....* Quand, au contraire, on veut semer la division dans le Tiers, on sait très-bien en distinguer les différentes classes: on excite, on soulève les uns contre les autres, les Habitans des villes et ceux des campagnes. On cherche à opposer les pauvres aux riches. Combien, s'il étoit permis de tout dire, je raconterois de traits plaisans d'une hypocrisie raffinée! Vous avez beau faire, ce n'est ni la différence des professions, ni celle des

On a cru renforcer la difficulté que nous venons de détruire, en avançant que le Tiers-Etat n'avoit pas des Membres assez éclairés, assez courageux, etc. pour le représenter, et qu'il falloit recourir aux lumières de la Noblesse... Cette ridicule assertion ne mérite pas de réponse. Considérez les classes *disponibles* du Tiers-Etat; et j'appelle, avec tout le monde, classes disponibles, celles où une sorte d'aisance permet aux hommes de recevoir une éducation libérale, de cultiver leur raison, enfin de s'intéresser aux affaires publiques. Ces classes-là n'ont pas d'autre intérêt que celui du reste du Peuple. Voyez si elles ne contiennent pas assez de Citoyens instruits, honnêtes, dignes, à tous égards, d'être de bons Représentans de la Nation.

Mais enfin, dit-on, si un Bailliage s'obstine à ne vouloir donner sa procuration

---

fortunes, ni celle des lumières qui divisent les hommes, c'est celle des intérêts. Dans la question présente, il n'en est que deux, celui des privilégiés, & celui des non-privilégiés; toutes les classes du Tiers-Etat sont liées d'un intérêt commun contre l'oppression des privilèges.

du Tiers qu'à un Noble, ou un Ecclésiastique? s'il n'a de confiance qu'en lui?...

J'ai déjà dit qu'il ne pouvoit pas y avoir de liberté illimitée, et que parmi toutes les conditions à imposer à l'éligibilité, celle que le Tiers réclamoit étoit la plus nécessaire de toutes. Répondons plus immédiatement. Je suppose qu'un Bailliage veuille absolument se nuire; doit-il avoir pour cela le droit de nuire aux autres? Si je suis seul intéressé aux démarches de mon Procureur fondé, on pourra se contenter de me dire : Tant pis pour vous; pourquoi l'avez-vous mal choisi? Mais ici, les Députés d'un District ne sont pas seulement les Représentans du Bailliage qui les a nommés, ils sont encore appelés à représenter la généralité des Citoyens, à voter pour tout le Royaume. Il faut donc une règle commune, et des conditions, dussent-elles déplaire à certains Commettans, qui puissent rassurer la totalité de la Nation contre le caprice de quelques Electeurs.

§. II.

Deuxième Demande du Tiers.

Que ses Députés soient en nombre égal à ceux des deux Ordres privilégiés.

Je ne puis m'empêcher de le répéter; la timide insuffisance de cette réclamation se ressent encore des vieux temps. Les villes du Royaume n'ont pas assez consulté les progrès des lumières et même de l'opinion publique. Elles n'auroient pas rencontré plus de difficultés en demandant deux voix contre une, et peut-être se fût-on hâté, alors, de leur offrir cette égalité contre laquelle on combat aujourd'hui avec tant d'éclat.

Au reste, quand on veut décider une question comme celle-ci, il ne faut pas se contenter, comme on le fait trop souvent, de donner son desir, ou sa volonté, ou l'usage, pour des raisons; il faut remonter aux principes. Les droits politiques, comme les droits civils, doivent tenir à la qualité de Citoyen. Cette propriété légale est la même pour tous, sans égard au plus ou moins de propriété réelle dont chaque individu peut composer sa fortune ou sa jouissance. Tout Citoyen qui réunit les conditions déterminées pour être Electeur, a droit de se faire représenter, et sa représentation ne peut pas être une fraction de la représentation d'un autre. Ce droit est un; tous l'exercent également, comme tous sont protégés également par la Loi qu'ils ont concouru à faire. Comment peut-on soutenir, d'un côté, que la Loi est l'expression de la volonté générale, c'est-à-dire, de la pluralité, et prétendre en même temps que dix volontés individuelles peuvent balancer mille volontés particulières ? N'est-ce pas s'exposer à laisser faire la loi par la minorité ? ce qui est évidemment contre la nature des choses.

Si ces principes, tout certains qu'ils sont, sortent un peu trop des idées communes, je ramènerai le Lecteur à une comparaison qui est sous ses yeux. N'est-il pas vrai qu'il paroît juste à tout le monde, que l'immense Bailliage du Poitou ait plus de Représentans aux Etats-Généraux que le petit Bailliage de Gex ? Pourquoi cela ? Parce que, dit-on, la population et la contribution du Poitou sont bien

bien supérieures à celles de Gex. On admet donc des principes d'après lesquels on peut déterminer la proportion des Représentans. Voulez-vous que la contribution en décide? Mais quoique nous n'ayons pas une connoissance certaine de l'imposition respective des Ordres, il saute aux yeux que le Tiers en supporte plus de la moitié.

A l'égard de la population, on sait quelle immense supériorité le troisième Ordre a sur les deux premiers. J'ignore, comme tout le monde, quel en est le véritable rapport; mais comme tout le monde, je me permettrai de faire mon calcul.

D'abord pour le Clergé. Nous compterons quarante mille Paroisses, en y comprenant les Annexes, ce qui donne tout d'un coup le nombre des Curés, y compris les Desservans des Annexes, ci . 40,000

On peut bien compter un Vicaire par quatre Paroisses, l'une dans l'autre, ci 10,000

Le nombre des Cathédrales est comme celui des Diocèses; à

50,000

De l'autre part.	50,000
vingt Chanoines l'une dans l'autre, y compris les cent quarante Evêques ou Archevêques, ci .	2,800
On peut supposer, à vue de pays, que les Chanoines de Collégiales montent au double, ci .	5,600
Après cela, il ne faut pas croire qu'il reste autant de têtes ecclésiastiques qu'il y a de Bénéfices simples, Abbayes, Prieurés et Chapelles. On sait, de reste, que la pluralité des Bénéfices n'est pas inconnue en France. Les Evêques et les Chanoines sont en même temps Abbés, Prieurs et Chapelains. Pour ne pas faire un double emploi, j'estime à trois mille Bénéficiers ceux qui ne sont pas déjà compris dans les nombres ci-dessus, ci .	3,000
Enfin, je suppose environ trois mille Ecclésiastiques, bien entendu dans les Ordres sacrés,	
	61,400

Ci-contre. 61,400

n'ayant aucune espèce de Bénéfices. 3,000

Il reste les Moines et les Religieuses, qui sont diminués depuis trente ans, dans une progression accélérée. Je ne crois pas qu'il y en ait aujourd'hui plus de dix-sept mille, ci. 17,000

Nombre total des têtes ecclésiastiques. 81,400

Noblesse. Je ne connois qu'un moyen d'approcher du nombre des individus de cet Ordre : c'est de prendre la Province où ce nombre est le mieux connu, et de la comparer au reste de la France. La Bretagne est cette Province; et je remarque d'avance qu'elle est plus féconde en Noblesse que les autres, soit parce qu'on n'y déroge point, soit à cause des priviléges qui y retiennent les familles, etc. On compte en Bretagne dix-huit cents familles nobles. J'en suppose deux mille, parce qu'il en est qui n'entrent pas encore aux Etats. En estimant chaque famille à cinq personnes, il y a en Bretagne dix mille Nobles de tout âge et de tout sexe. Sa population totale est de deux millions trois cent mille individus. Cette somme est à la population de la France entière comme 1 à 11. Il s'agit donc de multiplier dix mille par onze, et l'on aura cent dix mille têtes nobles au plus pour la totalité du Royaume, ci. . . 110,000

Donc, en tout, il n'y a pas deux cent mille Privilégiés des deux premiers Ordres (1). Comparez ce nombre à celui de

---

(1) J'observe sur cela, qu'en déduisant les Moines et les Religieuses, mais non les Couvens, du nombre total des Ecclésiastiques, on peut croire qu'il en reste à peu près 70,000 qui sont véritablement citoyens, contribuables, et qui ont qualité pour être *électeurs*. Dans la Noblesse, si vous ôtez les femmes & les enfans non contribuables, non *électeurs*, à peine restera-t-il trente à quarante mille citoyens qui ayent les mêmes qualités ; il suit de-là que le Clergé est, relativement à la représentation nationale, une masse bien plus consibérable que la Noblesse. Si je fais cette observation, c'est précisément parce qu'elle est contraire au torrent des préjugés actuels. Je ne plierai pas le genou devant l'idole ; et lorsque le Tiers, entraîné par une aveugle animosité, applaudit à une disposition par

vingt-cinq à vingt-six millions d'ames, et jugez la question.

---

laquelle la Noblesse obtient deux fois plus de Représentans que le Clergé, je dirai au Tiers qu'il ne consulte ni la raison, ni la justice, ni son intérêt. Le Public ne saura-t-il jamais rien voir qu'à travers les préjugés du moment? Qu'est-ce que le Clergé? Un corps de Mandataires chargés des fonctions publiques de l'instruction & du culte. Changez-en l'administration intérieure; réformez-le, plus ou moins; mais il est nécessaire sous une forme ou sous l'autre. Ce Corps n'est point une Caste exclusive, il est ouvert à tous les Citoyens; ce Corps est fondé de manière qu'il ne coûte rien à l'Etat. Calculez seulement ce qu'il en coûteroit au Trésor royal pour ne payer que les seuls Curés, et vous serez effrayé du surcroît de contribution qu'entraineroit la dilapidation des biens ecclésiastiques. Ce Corps enfin ne peut pas ne pas faire *Corps;* il est dans la hiérarchie d'un Gouvernement. Au contraire, la Noblesse est une Caste exclusive, séparée du Tiers qu'elle méprise. Ce n'est point un Corps de fonctionnaires publics; ses priviléges tiennent à la personne indépendamment de tout emploi; rien ne peut justifier son existence que la raison du plus fort. Tandis que le Clergé perd tous les jours de ses priviléges, la Noblesse conserve les siens; que dis-je? elle les accroît. N'est-ce pas de nos jours qu'a paru cette ordonnance qui exige des *preuves* pour entrer dans le Militaire, des *preuves*, non de talent ou de bonnes

Si l'on veut actuellement atteindre à la même solution, en consultant d'autres

---

dispositions, mais des *preuves de parchemin*, par lesquelles le Tiers s'est vu exclure du service! Les Parlemens paroissoient avoir été créés exprès pour soutenir & fortifier un peu le Peuple contre la tyrannie des Seigneurs; les Parlemens ont cru devoir changer de rôle: tout récemment ils ont, sans autre façon, fait cadeau, pour toujours, à la Noblesse, de toutes les places de Conseillers et de Présidens, &c. Ne vient-elle pas, aux Notables de 1787, d'obtenir que la préséance aux Assemblées provinciales, et par-tout, seroit à l'avenir alternative entre elle et le Clergé; et en demandant le partage de cette préséance, n'a-t-elle pas fait en sorte d'en exclure le Tiers, qui y étoit également appelé par le Ministère? Encore, si pour dédommager le Tiers-Etat on lui avoit laissé le droit de choisir seul, dans les premiers Ordres, le Président de l'Assemblée!..... Enfin, quel est l'Ordre le plus à craindre pour le Tiers, de celui qui s'affoiblit tous les jours, et dont il compose d'ailleurs les dix-neuf vingtièmes, ou de celui qui, dans un temps où les Privilégiés sembloient devoir se rapprocher de l'Ordre commun, trouve au contraire le moyen de se distinguer de plus en plus? Lorsque les Curés jouiront dans le Clergé, du rôle auquel ils sont appelés par la force des choses, le Tiers verra combien il eût été intéressant pour lui de réduire l'influence de la Noblesse plutôt que celle du Clergé.

principes tout aussi incontestables, considérons que les Privilégiés sont au grand corps des Citoyens, ce que les exceptions sont à la Loi. Toute société doit être réglée par des loix communes, et soumise à un ordre commun. Si vous y faites des exceptions, au moins doivent-elles être rares; et dans aucun cas, elles ne peuvent avoir sur la chose publique le même poids, la même influence que la règle commune. Il est réellement insensé de mettre en regard du grand intérêt de la masse nationale l'intérêt des exempts, comme fait pour le balancer en aucune manière. Au reste, nous nous expliquerons davantage sur ce sujet dans le sixième Chapitre. Lorsque dans quelques années, on viendra à se rappeler toutes les difficultés que l'on fait essuyer aujourd'hui à la trop modeste demande du Tiers, on s'étonnera, et du peu de valeur des prétextes qu'on y oppose, et encore plus de l'intrépide iniquité qui a osé en chercher.

Ceux même qui invoquent, contre le Tiers, l'autorité des faits, pourroient y lire, s'ils étoient de bonne-foi, la règle de leur conduite. Il a suffi de l'existence d'un petit nombre de bonnes Villes, pour former, sous Philippe-le-Bel, une Chambre des Communes aux Etats-Généraux.

Depuis ce temps, la servitude féodale a disparu, et les campagnes ont offert une population nombreuse de *nouveaux Citoyens*. Les Villes se sont multipliées, se sont agrandies. Le commerce et les arts y ont créé, pour ainsi dire, une multitude de nouvelles classes, dans lesquelles il est un grand nombre de familles aisées, remplies d'hommes bien élevés, et attachés à la chose publique. Pourquoi ce double accroissement, si supérieur à ce qu'étoient autrefois les bonnes Villes dans la balance de la Nation n'a-t-il pas engagé la même autorité à créer deux nouvelles Chambres en faveur du Tiers? L'équité et la bonne politique se réunissoient pour le demander.

On n'ose pas se montrer aussi déraisonnable à l'égard d'une autre sorte d'accroissement survenu à la France; je veux parler des nouvelles Provinces qui y ont été unies depuis les derniers Etats-Généraux. Personne n'ose dire que ces nouvelles

Provinces ne doivent pas avoir des Représentans à elles, par-delà ceux qui étoient aux Etats de 1614. Mais, les fabriques et les arts n'offrent-ils pas, comme le territoire, de nouvelles richesses, une nouvelle contribution, et une nouvelle population; pourquoi donc, lorsqu'il s'agit d'une augmentation qu'il est si facile de comparer à celle du territoire, pourquoi dis-je, refuse-t-on de lui donner des Représentans par-delà ceux qui étoient aux Etats de 1614?

Mais je presse de raison des gens qui ne savent écouter que leur intérêt. Présentons-leur un genre de considérations qui puisse les toucher de plus près. Convient-il à la Noblesse d'aujourd'hui de garder le langage et l'attitude qu'elle avoit dans les siècles gothiques? Et convient-il au Tiers-Etat de languir à la fin du dix-huitième siècle, dans les mœurs tristes et lâches de l'ancienne servitude? Si le Tiers-Etat sait se connoître et se respecter, certes, les autres le respecteront aussi! Qu'on songe que l'ancien rapport entre les Ordres est changé des deux côtés à la fois. Le Tiers qui avoit été réduit à rien, a réacquis par son industrie une partie de ce que l'injure du plus fort lui avoit ravi. Au lieu de redemander ses droits, il a consenti à les payer; on ne les lui a pas restitués, on les lui a vendus; il s'est soumis à les acheter. Mais enfin, d'une manière ou d'autre, il peut s'en mettre en possession. Il ne doit pas ignorer qu'il est aujourd'hui la réalité nationale, dont il n'étoit autrefois que l'ombre; que, pendant ce long changement, la Noblesse a cessé d'être cette monstrueuse réalité féodale qui pouvoit opprimer impunément; qu'elle n'en est plus que l'ombre, et que vainement cette ombre cherche-t-elle encore à épouvanter une Nation entière, à moins que cette Nation ne veuille être regardée comme la plus vile du globe.

§. III.

Troisième et dernière demande du Tiers-Etat.

Que les Etats-Généraux votent non par Ordres, mais par têtes.

On peut envisager cette question de

trois manières : dans l'esprit du Tiers, suivant l'intérêt des Privilégiés, et enfin d'après les bons principes. Il seroit inutile, sous le premier point de vue, de rien ajouter à ce que nous avons déjà dit ; il est clair que pour le Tiers, cette demande est une suite nécessaire des deux autres.

Les Privilégiés craignent l'égalité d'influence dans le troisième Ordre, et ils la déclarent inconstitutionnelle ; cette conduite est d'autant plus frappante, qu'ils ont été jusqu'à présent deux contre un, sans rien trouver d'inconstitutionnel à cette injuste supériorité. Ils sentent très-intimement le besoin de conserver le *veto* sur tout ce qui pourroit être contraire à leur intérêt. Je ne répéterai point les raisonnemens par lesquels vingt Ecrivains ont battu cette prétention et l'argument des anciennes formes. Je n'ai qu'une observation à faire. Il y a sûrement des abus en France ; ces abus tournent au profit de quelqu'un ; ce n'est guère au Tiers qu'ils sont avantageux, mais c'est bien à lui sur-tout qu'ils sont nuisibles. Or, je demande si dans cet état des choses, il est possible de détruire aucun abus, tant qu'on laissera le *veto* à ceux qui en profitent. Toute justice seroit sans force ; il faudroit tout attendre de la pure générosité des Privilégiés. Seroit-ce-là l'idée qu'on se forme de l'ordre social ?

Si nous voulons actuellement considérer le même sujet, indépendamment de tout intérêt particulier, et d'après les principes qui sont faits pour l'éclairer, c'est-à-dire, d'après ceux qui forment la science de l'ordre social, nous verrons prendre à cette question une face nouvelle. Je soutiens qu'on ne peut accueillir, soit la demande du Tiers, soit la défense des Privilégiés, sans renverser les notions les plus certaines. Je n'accuse assurément pas les bonnes Villes du Royaume d'avoir eu cette intention. Elles ont voulu se rapprocher de leurs droits, en réclamant au moins l'équilibre entre les deux influences ; elles ont professé d'ailleurs d'excellentes vérités : car il est constant que le *veto* d'un Ordre sur les autres seroit un droit propre à tout paralyser dans un pays où les intérêts sont si opposés ; il est certain qu'en ne votant point par têtes, on s'expose à méconnoître la vraie pluralité, ce qui seroit le plus grand des inconvéniens, parce que la Loi seroit radicalement nulle. Ces vérités sont incontestables. Mais les trois Ordres, tels qu'ils sont constitués, pourront-ils se réunir pour voter par têtes? telle est la véritable question. Non. A consulter les vrais principes, ils ne peuvent point voter *en commun*, ils ne le peuvent ni par têtes, ni par Ordres. Quelque proportion que vous adoptiez entr'eux, elle ne peut remplir le but qu'on se propose, qui seroit de lier la totalité des Représentans par *une* volonté commune. Cette assertion a, sans doute, besoin de développement et de preuves. Qu'on me permette de les renvoyer au sixième Chapitre. Je ne veux pas déplaire à ces personnes modérées qui craignent toujours que la vérité ne se montre mal-à-propos. Il faut auparavant leur arracher l'aveu que la situation des choses est telle aujourd'hui, par la seule faute des Privilégiés, qu'il est temps de prendre son parti; et de dire ce qui est vrai et juste dans toute sa force.

CHAPITRE IV.

Ce que le Gouvernement a tenté, & ce que les Privilégiés proposent en faveur du Tiers.

LE Gouvernement entraîné, non par des motifs dont on puisse lui savoir gré, mais par ses fautes, convaincu qu'il ne pouvoit y remédier sans le concours volontaire de la Nation, a cru s'assurer, de sa part, un consentement aveugle à tous ses projets, en offrant de faire quelque chose pour elle. Dans cette vue, M. de Calonne proposa le plan des Assemblées provinciales.

§. I.

Assemblées provinciales.

Il étoit impossible de s'occuper, un moment, de l'intérêt de la Nation, sans être frappé de la nullité politique du Tiers. Ls Ministre sentit même que la distinction des Ordres étoit contraire à toute espérance de bien, et il projeta sans doute de la faire disparoître avec le temps. C'est du moins dans cet esprit que le premier plan des Assemblées provinciales paroît avoir été conçu et rédigé. Il ne faut que le lire avec un peu d'attention, pour s'appercevoir qu'on n'y avoit pas égard à l'ordre *personnel* des Citoyens. Il n'y étoit question que de leurs propriétés, ou de l'ordre *réel*. C'étoit comme Propriétaire, et non comme Prêtre, Noble ou Roturier, qu'on devoit être appelé dans ces Assemblées intéressantes par leur objet, bien plus importantes encore par la manière dont elles devoient se former, puisque par elles s'établissoit une véritable représentation nationale.

Quatre espèces de propriétés étoient distinguées : 1°. les seigneuries. Ceux qui les possèdent, Nobles ou Roturiers, Ecclésiastiques ou Laïques, devoient former la première classe. On divisoit en trois autres classes les propriétés ordinaires ou simples, par opposition aux seigneuries. Une distribution plus naturelle n'en auroit formé que deux, indiquées par la nature des travaux et la balance des intérêts ; savoir, les propriétés de la campagne et celles des villes. Dans ces dernières, on auroit compris avec les maisons, tous les arts, fabriques, métiers, ect. Mais on croyoit sans doute que le temps n'étoit pas encore venu, de fondre dans ces deux divisions les biens ordinaires ecclésiastiques. Ainsi on avoit cru devoir laisser les biens simples, c'est-à-dire non-seigneuriaux, du Clergé dans une classe séparée. C'étoit la seconde. La troisième comprenoit les biens de la campagne, et la quatrième les propriétés des villes.

Remarquez que trois de ces sortes de propriétés étant indistinctement possédées par des Citoyens des trois Ordres, trois classes sur quatre auroient pu être composées indifféremment de Nobles, de Roturiers, ou de Prêtres. La deuxième classe elle-même auroit contenu des Chevaliers de Malthe, et même des Laïques, pour représenter les Hôpitaux, les *Fabriques* paroissiales, ect.

Il est naturel de croire que les affaires publiques se traitant dans ces Assemblées, sans égard à l'ordre personnel, il se seroit

bientôt

bientôt formé une communauté d'intérêts entre les trois Ordres, qui auroit été, par conséquent, l'intérêt général; et la Nation auroit fini par où toutes les Nations auroient dû commencer, par être *une*.

Tant de bonnes vues ont échappé à l'esprit si vanté du principal Ministre. Ce n'est pas qu'il n'ait très-bien vu l'intérêt qu'il vouloit servir; mais il n'a rien compris à la valeur réelle de ce qu'il gâtoit. Il a rétabli la division impolitique des ordres personnels; et quoique ce seul changement entraînât la nécessité de faire un nouveau plan, il s'est contenté de l'ancien, pour tout ce qui ne lui paroissoit pas choquer ses intentions; et il s'étonnoit ensuite des mille difficultés qui sortoient tous les jours du défaut de concordance. La Noblesse sur-tout ne concevoit pas comment elle pourroit se régénérer dans des assemblées où l'on avoit oublié les Généalogistes. Ses anxiétés, à cet égard, ont été plaisantes pour les Observateurs (1).

---

(1) Voyez les Procès-verbaux des Assemblées Provinciales.

Parmi tous les vices d'exécution de cet établissement, le plus grand a été de le commencer par les toits, au lieu de le poser sur ses fondemens naturels, l'élection libre des Peuples. Mais, au moins, le Ministre, pour rendre une sorte d'hommage aux droits du Tiers-Etat, lui annonçoit-il un nombre de Représentans pour son Ordre, égal à ceux du Clergé et de la Noblesse réunis. L'institution est positive sur cet article. Qu'en est-il arrivé? Que l'on a fait nommer des Députés au Tiers, parmi les Privilégiés. Je connois une de ces Assemblées où, sur cinquante-deux Membres, il n'y en a qu'un seul qui ne soit pas privilégié. C'est ainsi qu'on sert la cause du Tiers, même après avoir publiquement annoncé qu'on veut lui rendre justice !

§. II.

Notables.

Les Notables ont trompé l'espoir de l'un et de l'autre Ministre. Rien n'est plus juste à leur égard, que l'excellent coup de pinceau de M. C—. « Le Roi les a » rassemblés deux fois autour de lui pour

» les consulter sur les intérêts du Trône » et de la Nation. Qu'ont fait les Nota- » bles en 1787 ? Ils ont défendu leurs pri- » viléges contre le Trône. Qu'ont fait les » Notables en 1788 ? Ils ont défendu leurs » priviléges contre la Nation ». C'est qu'au lieu de consulter les Notables en *priviléges*, il auroit fallu consulter des Notables en *lumières*. Les plus petits particuliers ne s'y trompent pas, lorsqu'ils ont à demander conseil dans leurs affaires, ou dans celles des gens qui les intéressent véritablement.

M. Necker s'est abusé. Mais pouvoit-il imaginer que ces mêmes hommes qui avoient voté pour admettre le Tiers en nombre égal dans les Assemblées Provinciales, rejetteroient cette égalité pour les Etats-Généraux ? Quoi qu'il en soit, le Public ne s'y est point trompé. On l'a toujours entendu désapprouver une mesure dont il prévoyoit l'évènement, et à laquelle, dans la meilleure supposition, il attribuoit des lenteurs préjudiciables à la Nation. Il semble que ce seroit ici le lieu de développer quelques-uns des motifs qui ont inspiré la majorité des derniers Notables. Mais n'anticipons pas sur le jugement de l'Histoire ; elle ne parlera que trop tôt pour des hommes qui, placés dans la plus belle des circonstances, et pouvant dicter à une grande Nation ce qui est juste, beau et bon, ont mieux aimé prostituer cette superbe occasion à un misérable intérêt de corps, et donner à la postérité un exemple de plus de l'empire des préjugés sur l'esprit public.

Les tentatives du Ministère, comme l'on voit, n'ont pas produit d'heureux fruits en faveur du Tiers.

§. III.

Ecrivains patriotes des deux premiers Ordres.

C'est une chose remarquable, que la cause du Tiers ait été défendue avec plus d'empressement et de force par des Ecrivains Ecclésiastiques et Nobles, que par les non-Privilégiés eux-mêmes.

Je n'ai vu dans les lenteurs du Tiers-Etat que l'habitude du silence et de la crainte dans l'opprimé, ce qui présente une preuve de plus de la réalité de l'oppression. Est-il possible de réfléchir sérieusement sur les principes et la fin de l'état de société, sans être révolté jusqu'au fond de l'ame, de la monstrueuse partialité des institutions humaines! Je ne suis point étonné que les deux premiers Ordres ayent fourni les premiers défenseurs de la justice et de l'humanité; car si les *talens* tiennent à l'emploi exclusif de l'intelligence, à de longues habitudes, et si les Membres de l'Ordre du Tiers doivent par mille raisons se distinguer dans cette carrière, les *lumières* de la morale publique doivent se manifester davantage chez des hommes bien mieux placés pour saisir les grands rapports sociaux, et chez qui le ressort originel est moins communément brisé; il faut en convenir, il est des sciences qui tiennent autant à l'ame qu'à l'esprit. La Nation ne parviendra point à la liberté, sans se rappeler avec reconnoissance ces Auteurs patriotes des deux premiers Ordres, qui, les premiers abjurant de vieilles erreurs, ont préféré les principes de la justice universelle aux combinaisons meurtrières de l'intérêt de corps contre l'intérêt national. En attendant les honneurs publics qui leur seront décernés, puissent ils ne pas dédaigner l'hommage d'un Citoyen dont l'ame brûle pour une Patrie, et adore tous les efforts qui tendent à la faire sortir des décombres de la féodalité !

Certainement les deux premiers Ordres sont intéressés à rétablir le Tiers dans ses droits. On ne doit point se le dissimuler : le garant de la liberté publique ne peut être que là où est la force réelle. Nous ne pouvons être libres qu'avec le Peuple et par lui.

Si une considération de cette importance est au-dessus de la frivolité et de l'étroit égoïsme de la plupart des têtes françoises, au moins ne pourront-elles s'empêcher d'être frappées des changemens survenus dans l'opinion publique. L'empire de la raison s'étend tous les jours davantage ; il nécessite de plus en plus la restitution des droits usurpés. Plus tôt ou plus tard il faudra que toutes les classes se renferment dans les bornes du contrat social, contrat qui regarde et oblige tous les associés, les uns envers les autres (1). Sera-

(1) On ne peut pas entendre autrement le contrat

ce pour en recueillir les avantages innombrables, ou pour les sacrifier au despotisme? Telle est la véritable question. Dans la longue nuit de la barbarie féodale, les vrais rapports des hommes ont pu être détruits, toutes les notions bouleversées, toute justice corrompue; mais au lever de la lumière, il faut que les absurdités gothiques s'enfuyent, que les restes de l'antique férocité tombent et s'anéantissent. C'est une chose sûre. Ne ferons-nous que changer de maux, ou l'ordre social, dans toute sa beauté, prendra-t-il la place de l'ancien désordre? Les changemens que nous allons éprouver seront-ils le fruit amer d'une guerre intestine, désastreuse, à tous égards, pour les trois Ordres, et profitable seulement au pouvoir ministériel, ou bien seront-ils l'effet naturel, prévu et bien gouverné, d'une vue simple et juste, d'un concours

---

social, il lie les associés entr'eux. C'est une idée fausse et dangereuse, que de supposer un contrat entre un Peuple et son Gouvernement. La Nation ne contracte point avec ses Mandataires, elle *commet* à l'exercice de ses pouvoirs.

heureux, favorisé par des circonstances puissantes, et promu avec franchise par toutes les classes intéressées ?

§. I V.

Promesse de supporter également les Impositions.

Les Notables ont exprimé le vœu formel de faire supporter les mêmes impositions aux trois Ordres. Ce n'étoit pas sur cet objet qu'on leur demandoit leur avis. Il s'agissoit de la manière de convoquer les Etats-Généraux, et non des délibérations que cette Assemblée aura à prendre. Ainsi on ne peut regarder ce vœu que comme celui qui est émané des Pairs, du Parlement, et enfin de tant de sociétés particulières et d'individus qui s'empressent aujourd'hui de convenir que le plus riche doit payer autant que le plus pauvre.

Nous ne pouvons le dissimuler, un concours aussi nouveau a effrayé une partie du Public. Sans doute, a-t-on dit, il est bon et louable de se montrer d'avance disposé à se soumettre de bon cœur à une juste répartition d'impôt, lorsqu'elle aura été prononcée par la Loi. Mais d'où viennent, de la part du second Ordre, un zèle si nouveau, tant d'accord et tant d'empressement? En offrant une cession volontaire, espéreroit-il dispenser la loi d'en faire un acte de justice? Trop d'attention à prévenir ce que doivent faire les Etats-Généraux, ne pourroit-il pas tendre à s'en passer? Je n'accuse point la Noblesse de dire au Roi :* Sire, vous n'avez besoin des Etats-Généraux que pour rétablir vos Finances : eh bien! nous offrons de payer comme le Tiers; voyez si cet excédent ne pourroit pas vous délivrer d'une Assemblée qui nous inquiète plus que vous? Non, cette vue est impossible à supposer.

On pourroit plutôt soupçonner la Noblesse de vouloir faire illusion au Tiers, de vouloir, au prix d'une sorte d'anticipation d'équité, donner le change à ses pétitions actuelles, et le distraire de la nécessité, pour lui, d'être *quelque chose* aux Etats-Généraux. Elle semble dire au Tiers : Que demandez-vous? Que nous payions comme vous; cela est juste, nous paierons. Laissez donc l'ancien train des choses, où vous n'étiez rien, où nous étions tout, et où il nous a été si facile de ne payer que ce que nous avons voulu. Il seroit si utile aux classes privilégiaires d'acheter, au prix d'une renonciation forcée, le maintien de tous les abus, et l'espérance de les accroître encore ! S'il ne faut, pour consommer cet excellent marché, qu'exciter un peu d'enthousiasme dans le peuple, croit-on qu'il soit bien difficile de l'émouvoir, de l'attendrir même, en lui parlant de le soulager, et en faisant retentir à son oreille les *mots* d'égalité, d'honneur, de fraternité, etc. etc. etc.

Le Tiers peut répondre : « Il est temps assurément que vous portiez comme nous, le poids d'un tribut qui vous est bien plus utile qu'à nous. Vous prévoyiez très-bien que cette monstrueuse iniquité ne pouvoit pas durer davantage. Si nous sommes libres dans nos dons, il est clair que nous ne pouvons, ni ne devons, ni ne voulons en faire de plus abondans que les vôtres. Cette seule résolution de notre part, nous rend à peu près indifférens ces actes de renonciation que vous ne cessez de vanter, comme ce que la *générosité* et l'honneur peuvent commander de plus rare à des *Chevaliers françois* (1). Oui,

---

(1) J'avoue qu'il m'est impossible d'approuver la grande importance que l'on met à obtenir la renonciation des Privilégiés à leurs exemptions pécuniaires. Le Tiers-Etat semble ignorer que le consentement des impôts étant constitutionnel pour lui, au moins autant que pour les autres, il suffira de déclarer qu'il n'entend supporter aucune charge qui ne porteroit pas sur les trois Ordres à la fois.

Je ne suis pas plus content de la manière dont cette renonciation, trop sollicitée, a été faite dans la plupart des Bailliages, malgré tout l'étalage de reconnoissance qui a rempli les Journaux et les Gazettes. On y lit que la Noblesse *se réserve les droits sacrés de la propriété.... les prérogatives qui lui appartiennent..... et les distinctions essentielles à une monarchie.* Il est étonnant que le Tiers n'ait pas répondu, d'abord, à *la réserve des droits sacrés de la propriété :* que la Nation entière avoit le même intérêt à la faire, mais qu'il ne voyoit pas contre qui on pourroit la diriger; que si les Ordres vouloient se considérer séparément, l'Histoire leur apprendroit sans doute quel est celui des trois qui a le plus de raison de se défier des autres; qu'en un mot, il ne peut regarder que comme une injure gratuite l'équivalent de ces paroles : *Nous voulons bien payer l'impôt, à* vous paierez, non par générosité, mais par justice; non parce que vous le voulez bien, mais parce que vous le devez. Nous attendons, de votre part, un acte d'obéissance à la Loi commune, plutôt que le témoignage d'une insultante pitié pour un Ordre que vous avez si long-temps traité sans pitié. Mais c'est aux Etats-Généraux que cette affaire doit se discuter; il s'agit aujourd'hui de les bien constituer. Si le Tiers n'y est pas représenté, la Nation y sera muette. Rien ne pourra s'y faire validement. Lors même que vous trouveriez le moyen d'établir par-tout le bon ordre sans notre concours, nous ne pou-

---

condition que vous ne nous volerez pas. Ensuite, qu'est-ce que des *prérogatives appartenantes* à une partie de la Nation, sans que la Nation les lui ait jamais accordées? des prérogatives qu'on cesseroit même d'estimer, si on leur connoissoit une autre origine que le *droit de l'épée!* Enfin, l'on comprend encore moins où peuvent être *ces distinctions essentielles* à la Monarchie, et par conséquent sans lesquelles une Monarchie ne peut point exister. Aucune que nous sachions, fût-ce même celle de monter dans les carrosses du Roi, ne nous paroît assez importante pour qu'il soit vrai de dire que sans elle, il n'y a plus de Monarchie.

vons pas souffrir qu'on dispose de nous sans nous. Une longue et funeste expérience nous empêche même de croire à la solidité d'aucune bonne loi qui ne seroit que le *don du plus fort* ».

Les Privilégiés ne se lassent pas de dire que tout est égal entre les Ordres, du moment qu'ils renoncent aux exemptions pécuniaires. Si tout est égal, que craignent-ils des demandes du Tiers? Imagine-t-on qu'il voulût se blesser lui-même en attaquant un intérêt commun? Si tout est égal, pourquoi tous ces efforts pour l'empêcher de sortir de sa nullité politique?

Mais je demande où est la puissance miraculeuse qui garantira à la France l'impossibilité d'aucun abus dans *aucun genre*, par cela seul que la Noblesse paiera sa quote-part de l'impôt. Que s'il subsiste encore des abus ou des désordres, qu'on m'explique donc comment tout peut être égal entre celui qui en jouit et celui qui en souffre?

Tout est égal! C'est donc par esprit d'égalité qu'on a prononcé au Tiers l'exclusion la plus déshonorante, de tous les postes, de toutes les places un peu distinguées ? C'est par esprit d'égalité qu'on lui a arraché un surcroît de tribut pour créer cette quantité prodigieuse de ressources en tout genre, destinées exclusivement à ce qu'on appelle *la pauvre Noblesse ?*

Dans toutes les affaires qui surviennent entre un Privilégié et un homme du peuple, celui-ci n'est-il pas assuré d'être impunément opprimé, précisément parce qu'il faut recourir, s'il ose demander justice, à des Privilégiés ? Eux seuls disposent de tous les pouvoirs, et leur premier mouvement n'est-il pas de regarder la plainte du Roturier comme un manque de subordination ?

Pourquoi les Suppôts de la Police et de la Justice n'exercent-ils qu'en tremblant, leurs fonctions envers le Privilégié, envers celui-là même qui est pris en flagrant-délit, tandis qu'ils traitent avec tant de brutalité le pauvre qui n'est encore qu'accusé ?

Pour qui sont tous ces priviléges en matière judiciaire, les attributions, les évocations, les lettres de surséance, etc. avec lesquels on décourage ou l'on ruine sa partie adverse? est-ce pour le Tiers non-privilégié?

Qui sont les Citoyens les plus exposés aux vexations personnelles des Agens du fisc, et des subalternes dans toutes les parties de l'administration? les membres du Tiers; j'entends toujours du véritable Tiers, de celui qui ne jouit d'aucune exemption.

Pourquoi les Privilégiés, après les crimes les plus horribles, échappent-ils presque toujours à la peine, et dérobe-t-on ainsi à l'ordre public les exemples les plus efficaces?

Avec quel mépris absurde et féroce, vous osez replacer dans l'ordre commun, le criminel privilégié, pour le *dégrader*, dites-vous, et pour le rendre apparemment dans une telle compagnie, *habile* à subir le supplice. Que diriez-vous, si le législateur, avant de punir un scélérat du Tiers-Etat, avoit l'attention d'en purger son Ordre, en lui donnant des lettres de Noblesse?

La Loi dicte des peines différentes pour le Privilégié, et celui qui ne l'est pas. Elle semble suivre avec tendresse le Noble criminel, et vouloir l'honorer jusque sur l'échafaud. A cette abominable dictinction qui, au fond, ne peut paroître bonne à conserver, qu'à ceux qui projetteroient quelque crime, est attachée, on le sait, la peine d'infamie pour la famille entière du malheureux qui a été exécuté sans privilége; la loi est coupable de cette atrocité; et l'on refuseroit de la réformer! l'*obligation* est la même pour tous, l'*infraction* est la même; pourquoi la *peine* seroit-elle différente? Songez-bien que dans l'état actuel des choses, vous ne punissez jamais un Privilégié sans l'honorer, et sans punir la Nation, qui avoit déjà assez souffert de son crime.

Je le demande : est-il permis, en jetant le coup-d'œil le plus superficiel sur la Société, de répéter que tout sera égal, du moment que la Noblesse renonce à ses exemptions pécuniaires? Il est des hommes qui ne sont sensibles qu'à l'argent; exactement paralysés pour tout ce qui tient à la liberté, à l'honneur, à l'égalité devant la Loi, en un mot, à tous les droits sociaux, hors l'argent, ils ne conçoivent pas qu'on puisse s'inquiéter d'autre chose que de

payer

payer un écu de plus ou de moins. Mais, ce n'est pas pour les hommes vils que j'écris.

Que faut-il dire du privilége exclusif de paroître armé, même en temps de paix, hors des fonctions militaires et sans le costume de cet état? Si le Privilégié s'arme pour défendre sa vie, son bien, son honneur; l'homme du Tiers a-t-il moins d'intérêt à conserver sa vie, son bien, n'est-il pas aussi sensible à son honneur? Oseroit-on bien avancer que la Loi veillant plus attentivement en sa faveur, le dispense plus que le privilégié, de s'armer pour sa défense?

Si tout est égal, pourquoi ces volumineux recueils de loix à l'avantage de la Noblesse? Auriez-vous trouvé le secret de favoriser un Ordre sans que ce fût aux dépens des autres? Et quand vous savez bien que cette législation particulière fait de la Noblesse, comme une espèce à part qui seroit née pour le commandement, et du reste des Citoyens, comme un peuple d'Ilotes destiné à servir: vous osez mentir à votre conscience, et essayer d'étourdir la Nation, en lui criant que tout est egal (1) !

Les loix enfin, que vous croyez les plus générales, et les plus exemptes de partialité, sont complices elles-mêmes des priviléges. Consultez-en l'esprit; suivez-en les effets ; pour qui paroissent-elles être faites? pour les Privilégiés. Contre qui? contre le Peuple, etc. etc.

Et l'on veut que le Peuple soit content et ne songe plus à rien, parce que la Noblesse *consent* à payer comme lui! on veut que des générations nouvelles ferment les yeux aux lumières contempo-

---

(1) Je voudrois bien qu'on m'indiquât où sont les nombreux priviléges dont on se plaint que nous jouissons, disoit un Aristocrate? Dites plutôt où ils ne sont pas, répondit un ami du peuple. Tout respire le privilége dans le Privilégié, jusqu'à l'air dont il interroge, et qu'on trouveroit si extraordinaire dans un simple Citoyen; jusqu'au ton d'assurance avec lequel il élève des questions, si bien résolues dans le fond de son ame. Mais dussent tous les priviléges être réduits à un seul, je le trouverois encore intolérable. Eh! ne sentez-vous pas qu'il se multiplieroit comme le nombre des personnes privilégiées?

raines, et s'accoutument tranquillement à un ordre d'oppression que les générations qui passent ne pouvoient plus endurer! Laissons un sujet inépuisable, et qui ne réveille que des sentimens d'indignation (1).

Tous les impôts particuliers au Tiers seront abolis; il n'en faut pas douter. C'étoit un étrange pays, que celui où les Citoyens qui profitoient le plus de la chose publique, y contribuoient le moins! où il existoit des impôts qu'il étoit honteux de supporter, et que le Législateur lui-même taxoit d'être avilissans! A ne consulter que des idées saines, quelle société que celle où le travail fait *déroger*; où il est honorable de consommer, et humiliant de produire; où les professions pénibles sont dites *viles*; comme s'il pouvoit y avoir autre chose de vil que le vice, et comme si c'étoit dans les classes labo-

---

(1) Il n'a pourtant été question, ici, que de l'inégalité des droits *civils*; je présenterai dans les deux derniers Chapitres des notions justes sur la monstrueuse inégalité des droits *politiques*.

rieuses qu'il y a le plus de cette vilité, la seule réelle !

Enfin, tous ces mots de taille (1), de

(1) Il convient d'observer que la suppression de la Taille sera pécuniairement avantageuse aux Privilégiés, si l'on se contente, comme il y a apparence, de la remplacer par une subvention générale. Ils en paieront moins, et je vais le prouver. 1°. Dans les pays où la Taille est *personnelle*, on sait très-bien que cet impôt n'est payé au fond que par le Propriétaire. Le Fermier à qui vous diriez que vous vous chargez de sa Taille, augmenteroit d'autant le prix du bail. Cette vérité est connue. Si donc vous substituez à la Taille un impôt qui porte également sur tous les biens, même sur ceux qui ne sont pas aujourd'hui soumis à cette charge, il est clair que vous déchargerez la masse des biens qui supportent aujourd'hui la Taille, de toute la quotité de l'impôt de remplacement qui sera payée par les propriétés aujourd'hui exemptes de Taille. Comme les terres affermées payent la partie la plus considérable de cet impôt, il est sûr que la plus grande partie de la décharge sera en faveur de la totalité de ces terres. Or elles appartiennent sur-tout à des Privilégiés, j'ai donc eu raison de dire que les Privilégiés en paieront moins.

2°. Dans les pays de Taille *réelle*, les biens ruraux seront déchargés de toute la partie de l'impôt de remplacement qui portera sur les biens nobles. Cette conversion se fera sans égard à la qualité personnelle franc-fief, d'ustensiles, etc. seront proscrits à jamais de la langue politique, et le Législateur ne prendra plus un stupide plaisir à repousser les étrangers que ces distinctions flétrissantes empêchoient d'apporter au milieu de nous leurs capitaux et leur industrie.

Mais en prévoyant cet avantage, et mille autres, qu'une Assemblée bien

---

des Propriétaires. Puis donc que nous ignorons à quel Ordre de Citoyens appartiennent la plupart des terres nobles, et la plupart des biens ruraux, on ne doit pas non plus faire exclusivement honneur à la Noblesse des avantages ou des désavantages particuliers qui résulteront de la suppression de la Taille.

Les riches Seigneurs ont fort bien calculé que l'abolition de la Taille, du Franc-fief, &c. doit favoriser les mutations parmi leurs Vassaux, augmenter la valeur des fonds, et par conséquent qu'elle leur promet de nouveaux profits pécuniaires. La Taille est assurément mal *assise* sur les Fermiers; mais en la prenant, sous un autre nom, sur les Propriétaires eux-mêmes pour tous les biens qu'ils *afferment*, ce seroit un impôt parfaitement politique, en ce qu'il doit décourager les petits Propriétaires d'abandonner le gouvernement de leurs biens, et tenir la place d'une taxe prohibitive, ou d'une amende établie sur l'oisiveté des grands Propriétaires.

constituée doit procurer aux Peuples, je ne vois rien encore qui promette au Tiers une bonne constitution. Il n'en est pas plus avancé dans ses demandes. Les Privilégiés persistent à défendre tous leurs avantages. Quel que soit le nombre proportionnel de leurs Députés, ils veulent former deux Chambres séparées; ils veulent deux voix sur trois, et ils soutiennent que la négative appartient à chacune d'elles. Excellent moyen, pour rendre impossible toute réforme! Cette immobilité pourroit être du goût des deux premiers Ordres. Mais le Tiers peut-il s'y plaire? On voit bien que ce n'est pas à lui à répéter le joli mot du Fermier-Général, *pourquoi changer? nous sommes si bien!*

§. V.

Moyen terme proposé par les amis communs des Privilégiés & du Ministère.

Le Ministère craint, pardessus tout, une forme de délibération qui, arrêtant toutes les affaires, suspendroit aussi la concession des secours qu'il attend. Si, du moins, on pouvoit s'accorder pour remplir le déficit, le reste ne l'intéresseroit plus guère; les Ordres se disputeroient tant et aussi long-temps qu'ils le voudroient. Au contraire moins ils avanceroient, plus le Ministère espéreroit se raffermir dans son autorité arbitraire. Delà, un moyen de conciliation que l'on commence à colporter par-tout, et qui seroit aussi utile aux Privilégiés et au Ministère, que mortel pour le Tiers. On propose de voter par têtes les subsides et tout ce qui regarde l'impôt. L'on veut bien ensuite que les Ordres se retirent dans leurs chambres comme dans des forteresses inexpugnables, où les Communes délibéreront sans succès, les Privilégiés jouiront sans crainte, pendant que le Ministre restera le maître. Mais, peut-on croire que le Tiers donne dans un piége aussi grossier? Le vote des subsides devant être la dernière opération des Etats-Généraux, il faudra bien qu'on se soit accordé auparavant sur une forme générale pour toutes les délibérations; et sans doute on ne se sera pas éloigné de celle qui conserve à l'assemblée l'usage de toutes ses lumières et de toute sa sagesse (1).

§. VI.

On propose d'imiter la Constitution Angloise.

Différens intérêts ont eu le temps de naître dans l'Ordre de la Noblesse. Elle n'est pas loin de se diviser en deux partis. Tout ce qui tient aux trois ou quatre cents familles les plus distinguées soupire après l'établissement d'une Chambre haute, semblable à celle d'Angleterre ; leur orgueil se nourrit de l'espérance de n'être plus confondues dans la foule des Gentilshommes. Ainsi, la haute Noblesse consentiroit de bon cœur à rejeter dans la Chambre des Communes le reste des Nobles avec la généralité des Citoyens.

Le Tiers se gardera, avec attention, d'un systême qui ne tend à rien moins qu'à remplir sa Chambre de gens qui ont un intérêt si contraire à l'intérêt commun ; d'un systême qui le replaceroit bientôt

(1) Voy. *Vues sur les moyens d'exécution*, etc. page 87 jusqu'à 91.

dans la nullité et l'oppression. Il existe, à cet égard, une différence réelle entre l'Angleterre et la France. En Angleterre, il n'y a de Nobles privilégiés que ceux à qui la constitution accorde une partie du pouvoir législatif (1). Tous les autres Citoyens sont confondus dans le même intérêt; point de priviléges qui en fassent des Ordres distincts. Si, donc, on veut en France réunir les trois Ordres en un,

---

(1) Les Lords de la Chambre haute ne forment même pas un *Ordre* distinct. Il n'y a en Angleterre qu'un seul Ordre, la Nation. Le Membre de la Chambre des Pairs est un grand Mandataire nommé par la Loi pour exercer une partie de la législation, & les grandes fonctions judiciaires. Ce n'est pas un homme privilégié par droit de *caste*, sans relation aux fonctions publiques, puisque les frères d'un Pair ne partagent pas les priviléges de leur aîné. Il est vrai que ces grandes fonctions sont attachées à la naissance, ou plutôt à la primogéniture; c'est un hommage rendu à la féodalité, si prépondérante encore, il y a cent ans; c'est une institution gothique & ridicule en même temps, car si les Rois sont devenus héréditaires, pour éviter les troubles civils que leur élection seroit capable d'occasionner, il n'y a pas de raison pour craindre rien de semblable à la nomination d'un simple Lord.

il faut auparavant abolir toute espèce de privilége. Il faut que le Noble et le Prêtre n'ayent d'autre intérêt que l'intérêt commun, et qu'ils ne jouissent, par la force de la Loi, que des droits de simple Citoyen. Sans cela, vous aurez beau réunir les trois Ordres sous la même dénomination ; ils feront toujours trois matières hétérogènes impossibles à amalgamer ensemble. On ne m'accusera pas de soutenir la distinction des Ordres, que je regarde comme l'invention la plus nuisible à tout bien social. Je ne connois au-dessus de ce malheur que le malheur extrême de confondre ces Ordres *nominalement* en les laissant séparés *réellement* par le maintien des priviléges. Ce seroit consacrer à jamais leur triomphe sur la Nation. Le salut public exige que l'intérêt commun de la Société se maintienne quelque part, pur et sans mélange. Et c'est dans cette vue, la seule bonne, la seule nationale, que le Tiers ne se prêtera jamais à l'entrée de plusieurs Ordres dans une prétendue Chambre des Communes, car c'est une idée monstrueuse que celle d'une Commune composée de différens Ordres. On peut dire qu'il y a contradiction dans les termes.

Il sera appuyé dans sa résistance par la petite Noblesse, qui ne voudra jamais échanger les priviléges dont elle jouit, pour une illustration qui ne seroit pas pour elle. Voyez en effet comme elle s'élève en Languedoc contre l'aristocratie des Barons. Les hommes en général aiment fort à ramener à l'égalité tout ce qui leur est supérieur ; ils se montrent alors *philosophes*. Ce mot ne leur devient odieux qu'au moment où ils apperçoivent les mêmes principes dans leurs inférieurs.

Le projet des deux chambres acquiert cependant parmi nous un si grand nombre de partisans, qu'il y a véritablement de quoi s'en effrayer. Les différences que nous venons de relever sont réelles ; jamais une Nation coupée par Ordres n'aura rien de commun avec une Nation *une*. Comment voulez-vous, avec des matériaux si dissemblables, construire en France le même édifice politique qu'en Angleterre ?

Prétendez-vous admettre dans votre Chambre basse une partie de vos deux premiers Ordres ? Apprenez-nous donc auparavant comment on peut composer une Commune de plusieurs Ordres ? Nous venons de le prouver, une Commune ne peut être qu'un ensemble de Citoyens, ayant les mêmes droits civils et politiques. C'est se moquer de l'entendre autrement, et de croire former une Commune en faisant siéger dans la même salle des Citoyens qui ont des priviléges civils et politiques inégaux. Ce n'est point en Angleterre que vous trouverez une combinaison aussi étrange. J'ajoute qu'il ne faudroit pas long-temps à cette partie de la Noblesse que vous introduiriez dans votre prétendue Chambre des Communes, pour s'emparer de la plupart des députations. Le Tiers-Etat perdroit ses véritables Représentans, et nous reviendrions à l'ancien train des choses, où la Noblesse étoit tout, et la Nation, rien.

Pour éviter ces inconvéniens, vous proposeriez-vous de destiner la seconde Chambre exclusivement au Tiers-Etat ? alors, vous ne changez pas votre position actuelle. C'est même un mal de plus que de réunir les deux Ordres privilégiés ; vous les rendez, par cette alliance, plus forts contre l'Ordre commun, et tous ensemble en seront plus foibles contre le pouvoir ministériel qui s'apperçoit très-bien qu'entre deux Peuples divisés, ce sera toujours à lui à faire la loi ; au reste, dans ce nouvel arrangement je ne vois pas davantage que vous vous rapprochiez de la constitution angloise. Vous légitimez et consacrez la distinction de l'Ordre privilégiaire; vous en séparez à jamais les intérêts de ceux de la Nation, et vous éternisez la haine, ou plutôt l'espèce de guerre civile, qui agite tout Peuple divisé en Privilégiés et non Privilégiés. Au contraire, chez nos voisins tous les intérêts de la Nation sont réunis dans la Chambre des Communes. Les Pairs eux-mêmes se garderoient bien d'être contraires à l'intérêt commun, c'est le leur propre, c'est sur-tout celui de leurs frères, de leurs enfans, de toute leur famille, qui appartiennent de droit à la Commune. Et l'on ose comparer la Chambre-haute d'Angleterre avec une Chambre qui réuniroit le Clergé et la Noblesse en France! Sous quelque forme que vous la présentiez, vous n'échapperez pas à une foule de maux qui lui appartiennent essentiellement. Si vous la composez de vrais représentans du Clergé et de la Noblesse de tout le Royaume, ce sera, comme nous le disons, séparer à jamais les deux intérêts, et renoncer à l'espoir de former *une* Nation. Si vous en faites une Chambre des Pairs, vous pouvez, ou la remplir de Députés élus par un certain nombre de familles les plus distinguées ; ou tout uniment, pour vous écarter moins encore de votre modèle anglois, vous pouvez faire de la qualité de Pair un privilége héréditaire, ou au moins viager. Toutes ces suppositions ne font que multiplier les difficultés ; elles nécessitent toutes une Chambre des Communes mi-partie, et par conséquent monstrueuse, etc. Au surplus, lorsqu'il plaît au Roi d'Angleterre de créer un Pair, il n'est pas obligé de ne le prendre que dans une seule classe de Citoyens ; nouvelle différence qui confond absolument nos idées de Noblesse.

J'ai une dernière remarque à faire ; elle sort naturellement de la supposition d'une Chambre-haute, composée de membres héréditaires, ou choisis à vie. Il est certain que de pareils personnages ne seroient, en aucune manière, des Représentans de la Nation, et cependant ils en exerceroient les pouvoirs. De bonne foi, seroit-il impossible de prévoir des circonstances telles que la *convocation* des Communes deviendroit fort embarrassante? Mille raisons faciles à saisir pourroient d'abord la retarder d'époque en époque. Enfin, le temps presseroit si fort, que la Chambre-haute seroit convenablement invitée à donner d'avance son consentement à tel emprunt, à telle loi, etc. je laisse à l'imagination du lecteur à faire le reste du chemin. Il seroit assez plaisant que nous arrivassions enfin à cette même *Cour plénière*, que nous avons si mal accueillie n'aguères! Il doit être permis, ce me semble, de ne pas aimer un projet qui pourroit nous conduire au précipice que nous croyions avoir évité pour toujours. Nous n'avons besoin assurément ni d'une Chambre *Royale*, ni d'une Chambre *Féodale*. Mais je remarquerai, avant de finir cet article, que je n'ai attaqué la distinction des *Chambres* que dans le sens où ce seroit une distinction d'*Ordres*. Séparez ces deux idées, et je serai le premier à demander trois Chambres égales en tout, composées chacune du tiers de la grande députation nationale. Il ne resteroit dans ce nouveau plan qu'à adopter le moyen indiqué pages 89 et 90 *des Vues sur les moyens d'exécution, etc.* pour avoir toujours une résolution commune à la pluralité des têtes, dans tous les cas où les trois Chambres considérées en corps ne s'accorderoient pas.

§. VII.

Que l'esprit d'imitation n'est pas propre à nous bien conduire.

Nous n'aurions pas tant de foi aux institutions Angloises, si les connoissances politiques étoient plus anciennes ou plus répandues parmi nous. A cet égard, la Nation Françoise est composée d'hommes ou trop jeunes ou trop vieux. Ces deux âges, qui se rapprochent par tant d'endroits, se ressemblent encore, en ce qu'ils ne peuvent l'un et l'autre se conduire que par l'exemple. Les jeunes cherchent à imiter, les vieux ne savent que répéter. Ceux-ci sont fidèles à leurs propres

pres habitudes. Les autres singent les habitudes d'autrui. C'est le terme de leur industrie.

Qu'on ne s'étonne donc pas de voir une Nation, ouvrant à peine les yeux à la lumière, se tourner vers la constitution d'Angleterre, et vouloir la prendre pour modèle en tout. Il seroit bien à desirer, dans ce moment, que quelque bon écrivain s'occupât de nous éclairer sur les deux questions suivantes : la Constitution Britannique est-elle bonne en elle-même? Lors même qu'elle seroit bonne, peut-elle convenir à la France (1)?

J'ai bien peur que ce chef-d'œuvre tant vanté ne pût soutenir un examen impartial fait d'après les principes du véritable ordre politique. Nous reconnoîtrions, peut-être, qu'il est le produit du hasard et des circonstances, bien plus que des lumières. Sa Chambre-haute se ressent évidemment de l'époque de la révolution.

---

(1) Depuis la premiere édition de cet Ecrit, il a paru un excellent ouvrage qui remplit, à peu de chose près, le vœu que je formois ici. C'est l'*Examen du Gouvernement d'Angleterre, comparé aux Constitutions des Etats-Unis*, brochure de 291 pages.

Nous avons déjà remarqué qu'on ne pouvoit guère la regarder que comme un monument de superstition gothique.

Voyez la représentation nationale, comme elle est mauvaise dans tous ses élémens, de l'aveu des Anglois eux-mêmes! Et pourtant les caractères d'une bonne représentation sont ce qu'il y a de plus essentiel pour former une bonne législature.

Est-ce dans les vrais principes qu'a été puisée l'idée de séparer le pouvoir législatif en trois parties, dont une seule est censée parler au nom de la Nation? Si les Seigneurs et le Roi ne sont pas des Représentans de la Nation, ils ne sont rien dans le pouvoir législatif; car la Nation seule peut vouloir pour elle-même, et par conséquent se créer des Loix. Tout ce qui entre dans le corps législatif n'est compétent à voter pour les Peuples, qu'autant qu'il est chargé de leur procuration. Mais où est la procuration, lorsqu'il n'y a pas élection libre et générale?

Je ne nie pas que la constitution angloise ne soit un ouvrage étonnant pour le temps où elle a été fixée. Cependant, et quoiqu'on soit tout prêt à se moquer d'un François qui ne se prosterne pas devant elle, j'oserai dire qu'au-lieu d'y voir la simplicité du bon ordre, j'y apperçois plutôt un échafaudage de précautions contre le désordre (1). Et comme tout est lié dans les institutions politiques ; comme il n'est point d'effet qui ne soit l'origine, à son tour, d'une suite d'effets, et de causes, que l'on prolonge suivant qu'on est capable de plus d'attention, il n'est point extraordinaire que les fortes têtes y apperçoivent beaucoup de profondeur.

(1) Le gouvernement est en Angleterre le sujet d'un combat continuel entre le Ministère et l'aristocratie de l'Opposition. La Nation et le Roi y paroissent presque comme simples spectateurs. La politique du Roi consiste à adopter toujours le parti le plus fort. La Nation redoute également l'un et l'autre parti. Il faut, pour son salut, que le combat dure ; elle soutient donc le plus foible pour l'empêcher d'être tout à fait écrasé. Mais si le Peuple, au lieu de laisser le maniement de ses affaires servir de prix dans cette lutte de gladiateurs, vouloit s'en occuper lui-même par de véritables Représentans, croit-on, de bonne foi, que toute l'importance que l'on attache aujourd'hui à la *balance* des pouvoirs, ne tomberoit pas avec un ordre de choses qui seul la rend nécessaire?

Au reste, il est dans le cours ordinaire des choses, que les machines les plus compliquées précèdent les véritables progrès de l'art social, comme de tous les autres arts ; son triomphe sera, pareillement, de produire les plus grands effets par des moyens simples.

On auroit tort de décider en faveur de la constitution britannique, précisément parce qu'elle se soutient depuis cent ans, et qu'elle paroît devoir aller encore pendant des siècles. En fait d'institutions humaines, quelle est celle qui ne dure pas très-long-temps, quelque mauvaise qu'elle soit ? Le despotisme ne va-t-il pas aussi, ne semble-t-il pas éternel dans la plus grande partie du monde ?

Une meilleure preuve est d'en appeler aux *effets*. En comparant sous ce point-de-vue le Peuple Anglois avec leurs voisins du Continent, il est difficile de ne pas croire qu'il possède quelque chose de mieux. En effet, il a une constitution, toute incomplette qu'elle peut être, et nous n'avons rien. La différence est grande. Il n'est pas étonnant qu'on s'en apperçoive aux effets. Mais il y a sûrement de l'erreur à attribuer au seul pouvoir de la Constitution tout ce qu'il y a de bien en Angleterre. Il y a évidemment telle Loi qui vaut mieux que la Constitution elle-même. Je veux parler du jugement par *Jurés*, le véritable garant de la liberté individuelle dans tous les pays du monde où l'on aspirera à être libre. Cette méthode de rendre la justice est la seule qui mette à l'abri des abus du pouvoir judiciaire, si fréquens et si redoutables par-tout où l'on n'est pas jugé par ses Pairs. Avec elle, il ne s'agit plus pour être libre que de se précautioner contre les ordres illégaux qui pourroient émaner du pouvoir ministériel ; il faut pour cela, ou une bonne Constitution, l'Angleterre ne l'a point, ou des circonstances telles que le chef du pouvoir exécutif ne puisse pas soutenir à force ouverte ses volontés arbitraires. On voit bien que la Nation Angloise est la seule à qui il soit permis de n'avoir pas une armée de terre redoutable pour la Nation. C'est donc la seule qui puisse être libre sans une bonne Constitution. Cette pensée devroit suffire pour nous dégoûter de la manie d'imiter nos voisins :

consultons plutôt nos besoins ; ils sont plus près de nous ; ils nous inspireront bien mieux. Si vous tentez de naturaliser parmi vous la Constitution Angloise, nul doute que vous n'en obteniez facilement les défauts, puisqu'ils seront utiles au seul pouvoir dont vous auriez à craindre quelque obstacle. En aurez-vous les avantages ? Cette question est plus problématique, parce que vous rencontrerez alors un pouvoir intéressé à vous empêcher d'accomplir vos desirs. Après tout, pourquoi desirons-nous avec tant d'ardeur cette Constitution exotique ? C'est qu'apparemment elle se rapproche des bons principes de l'état social. Mais s'il est, en tout genre, pour juger des progrès vers le bien, un modèle du bon et du beau, et si l'on ne peut pas dire que ce modèle, pour ce qui regarde l'art social, nous soit moins connu aujourd'hui qu'il ne l'étoit aux Anglois en 1688, pourquoi négligerions nous le vrai type du bon, pour nous en tenir à imiter une copie ? Elevons-nous tout d'un coup à l'ambition de vouloir nous-mêmes servir d'exemple aux Nations.

Aucun Peuple, dit-on, n'a mieux fait que les Anglois; et quand cela seroit, les produits de l'art politique ne doivent-ils être à la fin du dix-huitième siècle, que ce qu'ils étoient dans le dix-septième! Les Anglois n'ont pas été au-dessous des lumières de leur temps; ne restons pas au-dessous des lumières du nôtre. Sur-tout, ne nous décourageons pas de ne rien voir dans l'Histoire qui puisse convenir à notre position. La véritable science de l'état de société ne date pas de loin. Les hommes ont construit long-temps des chaumières avant d'être en état d'élever des palais. Qui ne voit que l'architecture sociale devoit être plus lente encore dans ses progrès, puisque cet art, quoique le plus important de tous, n'avoit, comme l'on pense bien, aucun encouragement à recevoir des despotes et des aristocrates.

CHAPITRE V.

Ce qu'on auroit dû faire. Principes à cet égard.

» En morale, rien ne peut remplacer le moyen simple et *naturel*. Mais plus l'homme a perdu de temps à d'inutiles essais, plus il redoute l'idée de recommencer; comme s'il ne valoit pas toujours mieux recommencer encore une fois et finir, que de rester à la merci des événemens et des ressources *factices*, avec lesquelles on recommencera sans cesse, sans être jamais plus avancé ! »

Dans toute Nation libre, et toute Nation doit être libre, il n'y a qu'une manière de terminer les différends qui s'élèvent touchant la constitution. Ce n'est pas à des Notables qu'il faut avoir recours, c'est à la Nation elle même. Si nous manquons de constitution, il faut en faire une; la Nation seule en a le droit. Si nous avons une constitution, comme quelques-uns s'obstinent à le soutenir, et que par elle l'Assemblée nationale soit divisée ; ainsi qu'ils le prétendent, en trois députations de trois Ordres de Citoyens, on ne peut pas, du moins, s'empêcher de voir qu'il y a, de la part d'un de ces Ordres, une réclamation si forte, qu'il est impossible de faire un pas de plus sans la juger. Or, à qui appartient-il de décider de pareilles contestations ?

Une question de cette nature ne peut paroître indifférente qu'à ceux qui comptant pour peu, en matière sociale, les moyens justes et naturels, n'estiment que ces ressources factices, plus ou moins iniques, plus ou moins compliquées, qui font par-tout la réputation de ce qu'on appelle les hommes d'Etat, les grands politiques. Pour nous, nous ne sortirons point de la morale ; elle doit régler tous les rapports qui lient les hommes, entre eux, à leur intérêt particulier, et à leur intérêt commun ou social. C'est à elle à nous dire ce qu'on auroit dû faire ; et après tout, il n'y a qu'elle qui puisse le dire. Il en faut toujours revenir aux principes simples, comme plus puissans que tous les efforts du génie.

Jamais on ne comprendra le mécanisme

social, si l'on ne prend le parti d'analyser une société comme une machine ordinaire, d'en considérer séparément chaque partie, et de les rejoindre ensuite, en esprit, toutes l'une après l'autre, afin d'en saisir les accords, et d'entendre l'harmonie générale qui en doit résulter. Nous n'avons pas besoin, ici, d'entrer dans un travail aussi étendu. Mais puisqu'il faut toujours être clair, et qu'on ne l'est point en discourant sans principes, nous prierons au moins le Lecteur de considérer dans la formation d'une société politique trois époques, dont la distinction préparera à des éclaircissemens nécessaires.

Dans la première, on conçoit un nombre plus ou moins considérable d'individus isolés qui veulent se réunir. Par ce seul fait, ils forment déjà une Nation : ils en ont tous les droits; il ne s'agit plus que de les exercer. Cette première époque est caractérisée par le jeu des volontés *individuelles*. L'association est leur ouvrage; elles sont l'origine de tout pouvoir.

La seconde époque est caractérisée par l'action de la volonté *commune*. Les associés veulent donner de la consistance à leur union; ils veulent en remplir le but. Ils confèrent donc, et ils conviennent entre eux des besoins publics et des moyens d'y pourvoir. On voit qu'ici le pouvoir appartient au Public. Les volontés individuelles en sont bien toujours l'origine, et en forment les élémens essentiels; mais considérées séparément, leur pouvoir seroit nul. Il ne réside que dans l'ensemble. Il faut à la communauté une volonté commune; sans l'*unité* de volonté, elle ne parviendroit point à faire un tout voulant et agissant. Certainement aussi, ce tout n'a aucun droit qui n'appartienne à la volonté commune.

Mais franchissons les intervalles de temps. Les associés sont trop nombreux et répandus sur une surface trop étendue, pour exercer facilement eux-mêmes leur volonté commune. Que font-ils? Ils en détachent tout ce qui est nécessaire, pour veiller et pourvoir aux soins publics; et cette portion de volonté nationale et par conséquent de pouvoir, ils en confient l'exercice à quelques-uns d'entre eux. Nous voici à la troisième époque, c'est-à-dire, à celle d'un *gouvernement exercé par procuration*. Remarquons sur cela plusieurs vérités. 1°. La communauté ne se dépouille point du droit de vouloir : c'est sa propriété inaliénable ; elle ne peut qu'en commettre l'exercice. Ce principe est développé ailleurs. 2°. Le corps des délégués ne peut pas même avoir la plénitude de cet exercice. La communauté n'a pu lui confier, de son pouvoir total, que cette portion qui est nécessaire pour maintenir le bon ordre. On ne donne point du superflu en ce genre. 3°. Il n'appartient donc pas au corps des délégués de déranger les limites du pouvoir qui lui a été confié. On conçoit que cette faculté seroit contradictoire à elle-même.

Je distingue la troisième époque de la seconde, en ce que ce n'est plus la volonté commune *réelle* qui agit, c'est une volonté commune *représentative*. Deux caractères ineffaçables lui appartiennent ; il faut le répéter. 1°. Cette volonté n'est pas pleine et illimitée dans le corps des Représentans ; ce n'est qu'une portion de la grande volonté commune nationale. 2°. Les délégués ne l'exercent point comme un droit propre, c'est le droit d'autrui ; la volonté commune n'est-là qu'en commission.

Actuellement, je laisse une foule de réflexions, auxquelles cet exposé nous conduiroit assez naturellement, et je marche à mon but. Il s'agit de savoir ce qu'on doit entendre par la *constitution* politique d'une société, et de remarquer ses justes rapports avec la *Nation* elle-même.

Il est impossible de créer un corps pour une fin, sans lui donner une organisation, des formes et des lois propres à lui faire remplir les fonctions auxquelles on a voulu le destiner. C'est ce qu'on appelle la *constitution* de ce corps. Il est évident qu'il ne peut pas exister sans elle. Il l'est donc aussi que tout Gouvernement commis doit avoir sa constitution; et ce qui est vrai du Gouvernement en général, l'est aussi de toutes les parties qui le composent. Ainsi le corps des Représentans, à qui est confié le pouvoir législatif ou l'exercice de la volonté commune, n'existe qu'avec la manière d'être que la Nation a voulu lui donner. Il n'est rien sans ses formes constitutives; il n'agit, il ne se dirige, il ne commande que par elles.

A cette nécessité d'organiser le corps

du Gouvernement, si on veut qu'il existe ou qu'il agisse, il faut ajouter l'intérêt qu'a la Nation à ce que le pouvoir public délégué ne puisse jamais devenir nuisible à ses commettans. De-là, une multitude de précautions politiques qu'on a mêlées à la constitution, et qui sont autant de règles essentielles au gouvernement, sans lesquelles l'exercice du pouvoir deviendroit illégal (1).

On sent donc la double nécessité de soumettre le Gouvernement à des formes certaines, soit intérieures, soit extérieures, qui garantissent son aptitude à la fin pour laquelle il est établi, et son impuissance à s'en écarter.

Mais qu'on *nous* dise d'après quelles vues, d'après quel intérêt on auroit pu donner une constitution à la *Nation* elle-

---

(1) Lorsque la Constitution est simple et bien faite, les précautions sont en petit nombre ; dans les pays où elle est compliquée, et pour dire vrai, mal entendue, les précautions se multiplient à l'infini. Elles sont un objet d'étude. La Constitution devient une science, et ce qui en fait l'essentiel, j'entends l'organisation intérieure, se perd, ou est étouffé par l'échafaudage scientifique des purs accessoires.

même. La Nation existe avant tout, elle est l'origine de tout. Sa volonté est toujours légale, elle est la Loi elle-même. Avant elle, et au-dessus d'elle il n'y a que le droit *naturel*. Si nous voulons nous former une idée juste de la suite des loix *positives* qui ne peuvent émaner que de sa volonté, nous voyons en première ligne les loix *constitutionnelles*, qui se divisent en deux parties : les unes règlent l'organisation et les fonctions du corps *législatif*; les autres déterminent l'organisation et les fonctions des différens corps *actifs*. Ces loix sont dites *fondamentales*, non pas en ce sens, qu'elles puissent devenir indépendantes de la volonté nationale, mais parce que les corps qui existent et agissent par elles, ne peuvent point y toucher. Dans chaque partie, la constitution n'est pas l'ouvrage du pouvoir constitué, mais du pouvoit constituant. Aucune sorte de pouvoir délégué ne peut rien changer aux conditions de sa délégation. C'est ainsi, et non autrement, que les loix constitutionnelles sont *fondamentales*. Les premières, celles qui établissent la législature, sont *fondées* par la volonté nationale avant toute constitution ; elles en forment le premier degré. Les secondes doivent être établies de même par une volonté représentative *spéciale*. Ainsi toutes les parties du Gouvernement se répondent et dépendent en dernière analyse de la Nation. Nous n'offrons ici qu'une idée fugitive, mais elle est exacte.

On conçoit facilement ensuite comment les loix proprement dites, celles qui protégent les Citoyens et décident de l'intérêt commun, sont l'ouvrage du corps législatif formé et se mouvant d'après ses conditions constitutives. Quoique nous ne présentions ces dernières loix qu'en seconde ligne, elles sont néanmoins les plus importantes, elles sont la *fin* dont la constitution n'est que le *moyen*. On peut les diviser en deux parties : les loix immédiates ou protectrices, et les loix médiates ou directrices. Ce n'est pas ici le lieu de donner plus de développement à cette analyse (1).

(1) Disons seulement que le vrai moyen de ne point s'entendre est de confondre toutes les parties de l'ordre social sous le nom de constitution.

Nous

Nous avons vu naître la constitution dans la seconde époque. Il est clair qu'elle n'est relative qu'au *Gouvernement.* Il seroit ridicule de supposer la Nation liée elle-même, par les formalités ou par la constitution, auxquelles elle a assujetti ses mandataires. S'il lui avoit fallu attendre, pour devenir une Nation, une manière d'être *positive*, elle n'auroit jamais été. La Nation se forme par le seul droit *naturel.* Le Gouvernement, au contraire, ne peut appartenir qu'au droit *positif.* La Nation est tout ce qu'elle peut être, par cela seul qu'elle est. Il ne dépend point de sa volonté de s'attribuer plus ou moins de droits qu'elle n'en a. A sa première époque, elle a tous ceux d'une Nation. A la seconde époque, elle les exerce ; à la troisième, elle en fait exercer par ses représentans, tout ce qui est nécessaire pour la conservation et le bon ordre de la communauté. Si l'on sort de cette suite d'idées simples, on ne peut que tomber d'absurdités en absurdités.

Le Gouvernement n'exerce un pouvoir réel qu'autant qu'il est constitutionnel ; il n'est légal qu'autant qu'il est fidèle aux loix qui lui ont été imposées. La volonté nationale, au contraire, n'a besoin que de sa réalité pour être toujours légale, elle est l'origine de toute légalité.

Non-seulement la Nation n'est pas soumise à une constitution, mais elle ne *peut* pas l'être, mais elle ne *doit* pas l'être, ce qui équivaut encore à dire qu'elle ne l'est pas.

Elle ne *peut* pas l'être. De qui, en effet, auroit-elle pu recevoir une forme positive? Est-il une autorité antérieure qui ait pu dire à une multitude d'individus : « je vous » réunis sous telles loix ; vous formerez » une Nation aux conditions que je vous » prescris »? Nous ne parlons pas ici brigandage ni domination, mais association légitime, c'est-à-dire, volontaire et libre.

Dira-t-on qu'une Nation peut, par un premier acte de sa volonté, à la vérité indépendant de toute forme, s'engager à ne plus vouloir à l'avenir que d'une manière déterminée? D'abord, une Nation ne peut ni aliéner, ni s'interdire le droit de vouloir; et quelle que soit sa volonté, elle ne peut pas perdre le droit de la changer dès-que son intérêt l'exige. En second lieu, envers qui cette Nation se seroit-elle engagée? Je conçois comment elle peut *obliger* ses membres, ses mandataires, et tout ce qui lui appartient; mais peut-elle en aucun sens s'imposer des devoirs envers elle-même? Qu'est-ce qu'un contrat avec soi-même? Les deux termes etant la même volonté, on voit qu'elle peut toujours se dégager du prétendu engagement.

Quand elle le pourroit, une Nation ne *doit* pas se mettre dans les entraves d'une forme positive. Ce seroit s'exposer à perdre sa liberté sans retour, car il ne faudroit qu'un moment de succès à la tyrannie, pour dévouer les Peuples, sous prétexte de constitution, à une *forme* telle, qu'il ne leur seroit plus possible d'exprimer librement leur volonté, et par conséquent de secouer les chaînes du despotisme. On doit concevoir les Nations sur la terre, comme des individus hors du lien social, ou, comme l'on dit, dans l'état de nature. L'exercice de leur volonté est libre et indépendant de toutes formes civiles. N'existant que dans l'ordre naturel, leur volonté, pour sortir tout son effet, n'a besoin que de porter les caractères *natu-*

rels d'une volonté. De quelque manière qu'une Nation veuille, il suffit qu'elle veuille ; toutes les formes sont bonnes, et sa volonté est toujours la loi suprême. Puisque pour imaginer une société légitime, nous avons supposé aux volontés individuelles, purement naturelles, la puissance morale de former l'association, comment refuserions-nous de reconnoître une force semblable dans une volonté *commune*, également naturelle? Une Nation ne sort jamais de l'état de nature, et au milieu de tant de périls, elle n'a jamais trop de toutes les manières possibles d'exprimer sa volonté. Ne craignons point de le répéter : Une Nation est indépendante de toute forme; et de quelque manière qu'elle veuille, il suffit que sa volonté paroisse, pour que tout droit positif cesse devant elle, comme devant la source et le maître suprême de tout droit positif.

Mais il est une preuve encore plus pressante de la vérité de nos principes, qui pourroient cependant se passer de nouvelles preuves.

Une Nation ne doit ni ne peut s'astreindre à des formes constitutionnelles, car au premier différend qui s'éleveroit entre les parties de cette constitution, que deviendroit la Nation ainsi disposée ou ordonnée de façon à ne pouvoir agir que suivant la constitution disputée? Faisons attention combien il est essentiel, dans l'ordre civil, que les Citoyens trouvent dans une branche du pouvoir actif, une autorité prompte à terminer leurs procès. De même, les diverses parties du pouvoir actif doivent avoir chez un Peuple libre, la liberté d'invoquer la décision de la législature dans toutes les difficultés imprévues. Mais si votre législature elle-même, si les différentes parties de cette première constitution ne s'accordent pas entr'elles, qui sera le juge suprême? car il en faut toujours un, ou bien l'anarchie succède à l'ordre.

Comment imagine-t-on qu'un corps constitué pourroit décider de sa constitution? Une ou plusieurs parties intégrantes d'un corps moral ne sont rien séparément. Le pouvoir n'appartient qu'à l'ensemble. Dès-qu'une partie réclame, l'ensemble n'est plus; or, s'il n'existe pas, comment pourroit-il juger (1)? Ainsi donc, on doit sentir qu'il n'y auroit plus de constitution dans un pays, au moindre embarras qui surviendroit entre ses parties, si la Nation n'existoit indépendante de toute règle et de toute forme constitutionnelle.

A l'aide de ces éclaircissemens, nous pouvons répondre à la question que nous nous sommes faite. Il est constant que les parties de ce que vous croyez être la constitution françoise ne sont pas d'accord entr'elles. A qui donc appartient-il de décider? à la Nation, indépendante, comme elle l'est nécessairement, de toute forme positive. Quand même la Nation auroit ses Etats-Généraux réguliers, ce ne seroit pas à ce Corps constitué, à prononcer sur un différend qui touche à sa cons-

---

(1) On dit en Angleterre que la Chambre des Communes représente la Nation. Cela n'est pas exact. Peut-être l'ai-je déjà remarqué : en ce cas je répète que si les Communes seules représentoient toute la volonté nationale, elles formeroient seules tout le corps législatif. La constitution ayant décidé qu'elles n'en étoient qu'*une* partie sur *trois*, il faut bien que le Roi et les Lords soient regardés comme des Représentans de la Nation.

titution. Il y auroit à cela une pétition de principes, un cercle vicieux.

Les représentans *ordinaires* d'un Peuple sont chargés d'exercer, dans les formes constitutionnelles, tout cette portion de la volonté commune, qui est nécessaire pour le maintien d'une bonne administration sociale. Leur pouvoir est borné aux affaires du Gouvernement.

Des représentans *extraordinaires* auront tel nouveau pouvoir qu'il plaira à la Nation de leur donner. Puisqu'une grande Nation ne peut s'assembler elle-même en réalité toutes les fois que des circonstances hors de l'ordre commun pourroient l'exiger, il faut qu'elle confie à des représentans extraordinaires les pouvoirs nécessaires dans ces occasions. Si elle pouvoit se réunir devant vous, et exprimer sa volonté, oseriez-vous la lui disputer, parce qu'elle ne l'exerce pas dans une forme plutôt que dans une autre? Ici, la réalité est tout, la forme n'est rien.

Un corps de représentans extraordinaires supplée à l'Assemblée de cette Nation. Il n'a pas besoin, sans doute, d'être chargé de la *plénitude* de la volonté nationale;

il ne lui faut qu'un pouvoir spécial, et dans des cas rares; mais il remplace la Nation dans son *indépendance* de toutes formes constitutionnelles. Il n'est pas nécessaire ici de prendre tant de précautions pour empêcher l'abus de pouvoir; ces représentans ne sont députés que pour une seule affaire, et pour un temps seulement. Je dis qu'ils ne sont point astreints aux formes constitutionnelles sur lesquelles ils ont à décider. 1°. Cela seroit contradictoire, car ces formes sont indécises; c'est à eux à les régler. 2°. Ils n'ont rien à dire dans le genre d'affaires pour lequel on avoit fixé les formes positives. 3°. Ils sont mis à la place de la Nation elle-même ayant à régler la constitution. Ils en sont indépendans comme elle. Il leur suffit de vouloir comme veulent des individus dans l'état de nature; de quelque manière qu'ils soient députés, qu'ils s'assemblent, et qu'ils délibèrent, pourvû qu'on ne puisse pas ignorer, (et comment la Nation qui les commet, l'ignoreroit-elle?) qu'ils agissent en vertu d'une commission extraordinaire des Peuples, leur volonté commune vaudra celle de la Nation elle-même.

Je ne veux pas dire qu'une Nation ne puisse donner à ses représentans ordinaires, la nouvelle commission dont il s'agit ici. Les mêmes personnes peuvent sans doute concourir à former différens Corps, et exercer successivement, en vertu de procurations spéciales, des pouvoirs qui, de leur nature, ne doivent point se confondre. Mais toujours est-il vrai qu'une représentation extraordinaire ne ressemble point à la législature ordinaire. Ce sont des pouvoirs distincts. Celle-ci ne peut se mouvoir que dans les formes, et aux conditions qui lui sont imposées. L'autre n'est soumise à aucune forme en particulier : elle s'assemble et délibère, comme feroit la Nation elle-même, si, n'étant composée que d'un petit nombre d'individus, elle vouloit donner une constitution à son Gouvernement. Ce ne sont point ici des distinctions inutiles. Tous les principes que nous venons de citer sont essentiels à l'ordre social ; il ne seroit pas complet, s'il pouvoit se rencontrer un seul cas sur lequel il ne pût indiquer des règles de conduite capables de pourvoir à tout (1).

---

(1) Ces principes décident clairement la question

Il est temps de revenir au titre de ce Chapitre, *Qu'auroit-on dû faire* au milieu de l'embarras et des disputes sur les prochains Etats-Généraux ? appeler des Notables ? Non. Laisser languir la Nation et les affaires ? Non. Manœuvrer auprès des

---

agitée dans ce moment en Angleterre entre MM. Pitt et Fox. M. Fox a tort de ne vouloir pas que la *Nation* donne la Régence à *qui* et *comme* il lui plaît. Où la Loi ne statue pas, la Nation seule peut statuer. M. Pitt se trompe en voulant faire décider la question par le Parlement. Le Parlement est incomplet, il est nul, puisque le Roi, qui en est la troisième partie, est incapable de vouloir. Les deux Chambres peuvent bien préparer un statut, elles ne peuvent point le *sanctionner*. Je prends ce mot dans le sens que l'usage lui donne aujourd'hui. Il faut donc demander à la Nation des Représentans extraordinaires.... On n'en fera rien. Ce seroit l'époque d'une bonne Constitution. Ni l'Opposition ni le Ministère n'en ont envie. On tient aux formes par lesquelles on existe ; quelque vicieuses qu'elles soient, on les préfère au plus bel ordre social. Avez-vous jamais vu le vieillard caduc se consoler de mourir, quelque frais et vigoureux que puisse être le jeune homme qu'il voit prêt à le remplacer ? Il est dans la nature que les corps politiques, comme tous les corps animés, se défendent tant qu'ils peuvent du dernier moment.

parties intéressées pour les engager à céder chacune de leur côté? Non. Il falloit recourir au grand moyen d'une représentation extraordinaire. C'est la Nation qu'il falloit consulter.

Répondons à deux questions qui se présentent encore. Où prendre la Nation? A qui appartient-il de l'interroger?

1°. Où prendre la Nation? où elle est; dans les quarante mille paroisses qui embrassent tout le territoire, tous les habitans, et tous les tributaires de la chose publique; c'est-là sans doute la Nation. On auroit indiqué une division territoriale pour faciliter le moyen de se former en arrondissemens de vingt à trente paroisses, par des premiers Députés. Sur un plan semblable, les arrondissemens auroient formé des provinces; et celles-ci auroient envoyé à la Métropole de vrais Représentans extraordinaires avec pouvoir spécial de décider de la constitution des Etats-Généraux.

Direz-vous que ce moyen eût entraîné trop de lenteurs? pas plus en vérité que cette suite d'expédiens qui n'ont abouti qu'à embrouiller les affaires. D'ailleurs, il s'agissoit de prendre les vrais moyens d'aller à son but, et non de négocier avec le temps. Si on avoit voulu ou su rendre hommage aux bons principes, on auroit plus fait pour la Nation en quatre mois, que le cours des lumières et de l'opinion publique, que je suppose pourtant très-puissant, ne pourra faire dans un demi-siècle.

Mais, direz-vous, si la *pluralité* des Citoyens avoit nommé les Représentans extraordinaires, que seroit devenue la distinction des trois Ordres? que deviendroient les priviléges? Ce qu'ils doivent être. Les principes que je viens d'exposer sont certains. Il faut renoncer à tout ordre social, ou les reconnoître. La Nation est toujours maîtresse de réformer sa constitution. Sur-tout, elle ne peut pas se dispenser de s'en donner une certaine, quand elle est contestée. Tout le monde en convient aujourd'hui; et ne voyez-vous pas qu'il lui seroit impossible d'y toucher, si elle-même n'étoit que Partie dans la querelle? Un Corps soumis à des formes constitutives ne peut rien décider que d'après sa constitution. Il ne peut pas s'en donner une autre. Il cesse d'exister dès le moment qu'il se meut, qu'il parle, qu'il agit autrement que dans les formes qui lui ont été imposées. Les Etats Généraux, fussent-ils assemblés, sont donc incompétens à rien décider sur la constitution. Ce droit n'appartient qu'à la Nation seule, indépendante, nous ne cessons de le répéter, de toutes formes et de toutes conditions.

Les Privilégiés, comme l'on voit, ont de bonnes raisons pour confondre les idées et les principes en cette matière. Ils soutiendront aujourd'hui avec intrépidité le contraire de ce qu'ils avançoient il y a six mois. Alors, il n'y avoit qu'un cri en France; nous n'avions point de constitution, et nous demandions à en former une. Aujourd'hui, nous avons non-seulement une constitution, mais, si l'on en croit les Privilégiés, elle renferme deux dispositions excellentes et inattaquables. La première, c'est la *division par Ordres* de Citoyens; la seconde, c'est *l'égalité d'influence*, pour chaque Ordre, dans la formation de la volonté nationale. Nous avons bien assez prouvé déjà qu'alors même que toutes ces choses formeroient notre constitution, la Nation seroit toujours maîtresse de les changer. Il reste à examiner plus particulièrement la nature de cette *égalité* d'influence que l'on voudroit attribuer à chaque Ordre sur la volonté nationale. Nous allons voir que cette idée est la plus absurde possible, et qu'il n'y a pas de Nation qui puisse rien mettre de pareil dans sa constitution.

Une Société politique ne peut être que l'ensemble des Associés. Une Nation ne peut pas décider qu'elle ne sera pas la Nation, ou qu'elle ne le sera que d'une manière : car ce seroit dire qu'elle ne l'est point de toute autre. De même une Nation ne peut statuer que sa volonté commune cessera d'être sa volonté commune. Il est malheureux d'avoir à énoncer de ces propositions dont la simplicité paroîtroit niaise, si l'on ne songeoit aux conséquences qu'on veut en tirer. Donc une Nation n'a jamais pu statuer que les droits inhérens à la volonté commune, c'est-à-dire, à la pluralité, passeroient à la minorité. La volonté commune ne peut pas se détruire elle-même. Elle ne peut pas changer la nature des choses, et faire que l'avis de la minorité soit l'avis de la pluralité. On voit bien qu'un pareil statut, au-lieu d'être un acte légal ou moral, seroit un acte de démence.

Si donc on prétend qu'il appartient à la constitution françoise, que deux cents mille individus fassent sur un nombre de vingt millions de Citoyens, les deux tiers de la volonté commune; que répondre, si ce n'est qu'on soutient que deux et deux font cinq?

Les volontés individuelles sont les seuls élémens de la volonté commune. On ne peut ni priver le plus grand nombre du droit d'y concourir, ni arrêter que dix volontés n'en vaudront qu'une, contre dix autres qui en vaudront trente. Ce sont là des contradictions dans les termes, de véritables absurdités.

Si l'on abandonne, un seul instant, ce principe de première évidence, que la volonté commune est l'avis de la pluralité et non celui de la minorité, il est inutile de parler raison. Au même titre on peut décider que la volonté d'un seul sera dite la pluralité, et il n'est plus besoin ni d'Etats-Généraux, ni de volonté nationale, etc.... car si la volonté d'un Noble peut en valoir dix, pourquoi celle d'un Ministre n'en vaudroit-elle pas cent, un million, vingt-six millions? Avec de pareilles raisons, on peut fort bien renvoyer chez eux tous les Députés nationaux, et étouffer toutes les réclamations des peuples.

Aurions-nous besoin d'appuyer davantage sur la conséquence naturelle de ces principes? Il est constant que dans la représentation nationale, ordinaire ou extraordinaire, l'influence ne peut être qu'en raison du nombre des têtes qui ont *droit* à se faire représenter. Le Corps représentant est toujours, pour ce qu'il a à faire, à la place de la Nation elle-même. Son influence doit conserver la même *nature*, les mêmes *proportions* et les mêmes *règles*.

Concluons;

Concluons ; qu'il y a un accord parfait entre tous les principes, pour décider, 1°. qu'une représentation extraordinaire peut seule toucher à la constitution, ou nous en donner une ; 2°. que cette représentation constituante doit se former sans égard à la distinction des Ordres.

2°. A qui appartient-il d'interroger la Nation ? Si nous avions une constitution législative, chacune de ses parties en auroit le droit, par la raison que le recours aux Juges est toujours ouvert aux Plaideurs, ou plutôt parce que les interprètes d'une volonté sont obligés de consulter leurs commettans, soit pour faire expliquer leur procuration, soit pour leur donner avis des circonstances qui exigeroient de nouveaux pouvoirs. Mais il y a près de deux siècles que nous sommes sans représentans, en supposant qu'il y en eût alors. Puisque nous n'en avons point, qui les remplacera auprès de la Nation ? Qui préviendra les Peuples du besoin d'envoyer des Représentans extraordinaires ? La réponse à cette question ne peut embarrasser que ceux qui attachent au mot de *Convocation* le fatras des idées angloises. Il ne s'agit pas ici de *prérogative* royale, mais du sens simple et naturel d'une *Convocation*. Ce terme embrasse : *Avis* à donner du besoin national, et *indication* d'un rendez-vous commun. Or, quand le salut de la Patrie presse tous les Citoyens, perdra-t-on le temps à s'enquérir de celui qui a le *droit* de convoquer? Il faudroit plutôt demander : Qui n'en a pas le droit? C'est le *devoir* sacré de tous ceux qui y peuvent quelque chose. A plus forte raison, le pouvoir exécutif le peut-il, lui qui est bien plus en mesure que les simples particuliers, de prévenir la généralité des Citoyens, d'indiquer le lieu de l'Assemblée, et d'écarter tous les obstacles que l'intérêt de corps pourroit y opposer. Certainement le Prince, en sa qualité de premier Citoyen, est plus intéressé qu'aucun autre à convoquer les Peuples. S'il est incompétent à décider sur la constitution, on ne peut pas dire qu'il le soit à provoquer cette décision.

Ainsi, point de difficulté sur la question : Qu'est-ce qu'on auroit dû faire ? On auroit dû convoquer la Nation, pour qu'elle députât à la Métropole des Représentans extraordinaires avec une procuration spéciale, pour régler la constitution de l'assemblée nationale ordinaire. Je n'aurois pas voulu que ces Représentans eussent eu, en outre, des pouvoirs pour se former ensuite en assemblée ordinaire, conformément à la constitution qu'ils auroient fixée eux-mêmes, sous une autre qualité ; j'aurois craint qu'au-lieu de travailler uniquement pour l'intérêt national, ils n'eussent trop fait attention à l'intérêt du corps qu'ils alloient former. En politique, c'est le mélange, c'est la confusion des pouvoirs qui rendra constamment impossible l'établissement de l'ordre social sur la terre ; comme aussi dès qu'on voudra séparer ce qui doit être distinct, on parviendra à résoudre le grand problême d'une société humaine disposée pour l'avantage général de ceux qui la composent.

On pourra me demander pourquoi je me suis étendu si longuement sur ce qu'*on auroit dû faire.* Le passé est passé, dira-t-on. Je réponds premièrement, que la connoissance de ce qu'on auroit dû faire, peut mener à la connoissance de ce qu'on fera. En second lieu, il est toujours bon de présenter les vrais principes, sur-tout dans une matière si neuve pour la plupart des esprits. Enfin, les vérités de ce Chapitre peuvent servir à mieux expliquer celles du Chapitre suivant.

CHAPITRE VI.

Ce qui reste à faire. Développement de quelques principes.

Le temps n'est plus, où les trois Ordres, ne songeant qu'à se défendre du despotisme ministériel, étoient prêts à se réunir contre l'ennemi commun. Quoiqu'il soit impossible à la Nation de tirer un parti utile de la circonstance présente, de faire un seul pas vers l'ordre social, sans que le Tiers-Etat en recueille aussi les fruits, cependant la fierté des deux premiers Ordres s'est irritée en voyant les grandes municipalités du Royaume réclamer la moindre partie des droits politiques qui appartiennent au Peuple. Que vouloient-ils, donc ces Privilégiés si ardens à défendre leur superflu, si prompts à empêcher le Tiers-Etat d'obtenir, en ce genre, le plus strict nécessaire? Entendoient-ils que la régénération dont on se flatte ne seroit que pour eux? et vouloient-ils ne se servir du Peuple, toujours malheureux, que comme d'un instrument aveugle pour étendre et consacrer leur aristocratie.

Que diront les générations futures, en apprenant l'espèce de fureur avec laquelle le second Ordre de l'Etat, et le premier Ordre du Clergé ont poursuivi toutes les demandes des Villes? Pourront-elles croire aux ligues secrètes et publiques, aux feintes alarmes (1), et à la perfidie des ma-

---

(1) Il est réellement trop plaisant de voir la plupart des Nobles s'efforcer de travestir en insurrection contre l'autorité royale, des démarches qu'ils craignent, au fond du cœur, comme favorables au despotisme. Ce pauvre Tiers, auquel ils dénient toute énergie, et dont ils ne s'expliquent le courage, qu'en recourant à ce qu'ils appellent les manœuvres du Ministère lui-même, ils ne craignent point de le représenter comme un assemblage de *révoltés* contre le Roi. Les Nobles disent entre eux: Rien n'est plus dangereux à la liberté que le langage du Tiers, qui ressemble un peu trop, en effet, à cette supplication: « Sire, faites de nous » ce qu'il vous plaira, pourvu que vous ne nous lais- » siez pas dévorer par les Aristocrates ». En même temps ils disent au Roi: « Le Peuple en veut à votre » Trône: prenez-y garde; il projette de renverser la » Monarchie ». Avec un tel esprit, pourquoi n'iroit-

nœuvres dont on a enveloppé les Défenseurs du Peuple? Rien ne sera oublié dans les fidèles récits que les Écrivains patriotes préparent à la postérité. On fera connoître la *noble* conduite des Magnats de la France, dans une circonstance si propre, pourtant, à inspirer quelques sentimens de patriotisme aux hommes même les plus absorbés dans leur égoïsme. Comment des Princes de la Maison régnante ont-ils pu se déterminer à prendre parti dans une querelle entre les Ordres de l'Etat? Comment ont-ils laissé de méprisables Rédacteurs vomir les calomnies atroces autant que ridicules, qui remplissent l'incroyable Mémoire publié sous leur nom!

On se plaint de la violence de quelques

---

on pas jusqu'à exciter soi-même la populace, toujours aveugle, toujours superstitieusement docile aux mouvemens qu'il plaît à l'Aristocratie de lui communiquer? On se ménageroit ainsi le prétexte de dire: *Voilà votre Tiers-Etat!* Mais par-tout, les honnêtes gens répondront: *Voilà les Aristocrates!* S'il n'y en avoit pas, avec quelle facilité nous deviendrions, en ce moment, la première Nation du monde, c'est-à-dire, la plus libre et la plus heureuse!

Écrivains du Tiers-Etat. Qu'est-ce que la manière de penser d'un individu isolé? Rien. Les véritables démarches du Tiers-État, celles qui sont authentiques, se bornent aux pétitions des municipalités et d'une partie des Pays d'État. Qu'on les compare à la démarche également authentique des Princes contre le Peuple, qui se gardoit bien de les attaquer. Quelle modestie! quelle mesure dans les premières! Quelle violence! quelle profonde iniquité dans la seconde!

Inutilement le Tiers-État attendroit-il du concours des Ordres, la restitution de ses droits *politiques*, et la plénitude de ses droits *civils*; la crainte de voir réformer les abus inspire aux aristocrates plus d'alarmes, qu'ils ne sentent de desirs pour la liberté. Entre elle et quelques priviléges odieux, ils ont fait choix de ceux-ci. L'ame des Privilégiés s'est identifiée avec les faveurs de la servitude. Ils redoutent aujourd'hui ces États-Généraux qu'ils invoquoient n'aguère avec tant de vivacité. Tout est bien pour eux; ils ne se plaignent plus que de l'esprit d'innovation; ils ne manquent plus de rien; la peur leur a donné une constitution.

Le Tiers-Etat doit s'appercevoir, au mouvement des esprits et des affaires, qu'il ne peut plus rien espérer que de ses lumières et de son courage. La raison et la justice sont pour lui ; il faut au moins qu'il s'en assure toute la force. Non, il n'est plus temps de travailler à la conciliation des Partis. Quel accord peut-on espérer entre l'énergie de l'opprimé et la rage des oppresseurs? Ils ont osé prononcer le mot *scission*. Ils en ont menacé le Roi et le Peuple. Eh ! grand Dieu ! qu'il seroit heureux pour la Nation qu'elle fût faite à jamais, cette scission si desirable ! Combien il seroit aisé de se passer des Privilégiés ! combien il sera difficile de les amener à être Citoyens !

Les Aristocrates qui ont attaqué les premiers, n'ont pas songé qu'ils commettoient la plus grande mal-adresse, en faisant agiter de certaines questions. Chez un Peuple accoutumé à la servitude, on peut laisser dormir les vérités ; mais si vous excitez l'attention, si vous avertissez de faire choix entr'elles et l'erreur, l'esprit s'attache à la vérité, comme des yeux sains se tournent naturellement vers la lumière. Or, la lumière en morale, ne peut se répandre à un certain point, sans conduire à l'équité, de gré ou de force; c'est qu'en morale, les vérités sont liées aux droits; c'est que la connoissance des droits en réveille le sentiment; c'est que le sentiment de ses droits remonte, au fond de l'ame, le ressort de la liberté qui n'est jamais tout-à-fait brisé chez les Européens. Il faudroit être aveugle pour ne pas s'appercevoir que notre Nation s'est heureusement saisie de quelques-uns de ces principes féconds, qui mènent à tout ce qui est bon, juste et utile. Il n'est plus possible ni de les oublier, ni de les contempler dans une stérile indifférence. Dans ce nouvel état de choses, il est naturel que les classes opprimées sentent plus vivement le besoin du retour au bon ordre; elles ont plus d'intérêt à rappeller parmi les hommes, la justice, cette première des vertus si longs-temps exilée de la terre. C'est donc au Tiers-Etat à faire les plus grands efforts, et presque toutes les avances de la restauration nationale. Il faut, au surplus, le prévenir qu'il ne s'agit pas pour lui, s'il ne parvient à être mieux, de rester au moins comme il étoit. Les circonstances ne souffrent point ce calcul de la lâcheté. Il s'agit d'avancer ou de reculer. Si vous ne voulez point proscrire cette foule de priviléges iniques et anti-sociaux, décidez-vous donc à les reconnoître et à les légitimer. Or, le sang bouillonne à l'idée seule qu'il fût possible de *consacrer légalement*, à la fin du dix-huitième siècle, les abominables fruits de l'abominable féodalité. Il a été un temps, hélas bien long! où l'impuissance du Tiers méritoit à sa triste condition les regrets et les larmes des patriotes. Mais, si lui-même ourdissoit son infortune, si, à l'époque où il peut quelque chose, il se vouoit volontairement à l'abjection et à l'opprobre; de quels sentimens, de quels noms faudroit-il le flétrir? On plaignoit le foible, il faudroit mépriser le lâche. Ecartons l'image du dernier degré de malheur, certainement impossible, puisqu'il supposeroit dans vingt cinq millions d'hommes, le dernier degré de bassesse.

Pendant que les Aristocrates parleront

de leur honneur, et veilleront à leur intérêt, le Tiers-Etat, c'est-à-dire la Nation, développera sa vertu, car si l'intérêt de corps est égoïsme, l'intérêt national est vertu. On laissera les Nobles alimenter leur mourante vanité du plaisir d'injurier le Tiers par les termes les plus insolens de la langue féodale. Ils répéteront les mots de *roturiers*, de *manans*, de *vilains*, oubliant que ces expressions, quelque sens qu'on veuille leur donner, sont ou étrangères aujourd'hui au Tiers-Etat, ou communes aux trois Ordres ; oubliant encore que lorsqu'elles étoient exactes, les quatre-vingt-dix-neuf centièmes d'entr'eux étoient incontestablement des *roturiers*, des *manans* et des *vilains*; et les autres, nécessairement des brigands. En vain les Privilégiés fermeroient les yeux sur la révolution que le temps et la force des choses ont opérée; elle n'en est pas moins réelle. Autrefois, le Tiers étoit serf, l'Ordre Noble étoit tout. Aujourd'hui le Tiers est tout, la Noblesse est un mot; mais sous ce mot s'est glissée illégalement, et par la seule influence d'une fausse opinion, une nouvelle et intolérable aristocratie ; et le Peuple a toute raison de ne point vouloir d'Aristocrates (1).

---

(1) POINT D'ARISTOCRATIE devroit être comme le cri de ralliement de tous les amis de la Nation et du bon ordre ; les Aristocrates croiront répondre en disant : POINT DE DÉMOCRATIE. Mais on répétera avec eux et *contr'eux* point de démocratie. Ces Messieurs ignorent que des Représentans ne sont point des Démocrates ; que la véritable démocratie étant impossible chez un Peuple nombreux, il est insensé d'y croire ou d'avoir l'air de la redouter ; mais que la fausse démocratie n'est, hélas ! que trop possible ; qu'elle réside dans une Caste qui prétend avoir par droit de naissance, ou à tout autre titre aussi ridicule, et aussi indépendant de la procuration des Peuples, les *pouvoirs* que le corps des Citoyens exerceroit dans une véritable démocratie. Elle est, cette fausse démocratie, avec tous les maux qu'elle traîne à sa suite, dans un pays que l'ont dit, que l'on croit monarchique, mais où une Caste privilégiaire s'est attribué le monopole du gouvernement, des pouvoirs, et de toutes les places. C'est-là cette démocratie féodale que vous avez à redouter, qui ne cesse d'inspirer de vaines terreurs pour se conserver une grande importance, qui cache sa nullité pour le bien sous le nom de *Corps intermédiaire*, et sa puissance pour le mal sous l'autorité imposante de l'aristocrate Montesquieu. Il est évident pour quiconque veut y

Dans cet état de choses, que reste-t-il à faire au Tiers s'il veut se mettre en possession de ses droits politiques d'une manière utile à la Nation? Il se présente deux moyens pour y parvenir.

En suivant le premier, le Tiers doit s'assembler à part; il ne concourra point avec la Noblesse et le Clergé, il ne votera avec eux ni par *ordre*, ni par *têtes*. Je prie qu'on fasse attention à la différence énorme qu'il y a entre l'Assemblée du Tiers Etat, et celles des deux autres Ordres. La première représente vingt-cinq millions d'hommes, et délibère sur les intérêts de la Nation. Les deux autres, dussent-elles se réunir, n'ont des pouvoirs que d'environ deux cents mille individus, et ne songent qu'à leurs priviléges. Le Tiers seul, dira-t-on, ne peut pas former les *Etats-Généraux*. Eh! tant mieux! il composera une *Assemblée Nationale* (1). Un conseil de cette impor-

---

réfléchir, qu'une Caste d'Aristocrates, quoique décorée par le plus stupide préjugé, est aussi contraire à l'autorité du Monarque qu'aux intérêts du Peuple.

(1) Il y a de grands avantages à faire exercer le

tance a besoin d'être justifié par tout ce que les bons principes offrent de plus clair et de plus certain.

Je dis que les Députés du Clergé et de la Noblesse n'ont rien de commun avec la représentation nationale, que mille

---

pouvoir législateur par trois corps ou chambres, plutôt que par une seule. Il y a une extrême déraison à composer ces trois chambres de trois *Ordres* ennemis l'un de l'autre. Le véritable milieu consiste donc à séparer en trois divisions égales les Représentans du Tiers. Dans cet arrangement, vous trouverez même mission, intérêt commun, et même but. J'adresse cette remarque à ceux qui épris de l'idée de *balancer les parties du pouvoir législatif*, imaginent qu'il n'y a rien de mieux, en ce genre, que la Constitution Angloise. Ne peut-on accueillir le bien sans épouser le mal? D'ailleurs, nous l'avons dit plus haut, les Anglois n'ont qu'un Ordre, ou plutôt n'en ont point, de sorte qu'en composant notre balance législative de différens *Ordres*, elle seroit, nous ne saurions trop le répéter, infiniment plus vicieuse encore que celle de nos voisins. C'est une importante recherche que celle des principes sur lesquels on doit régler la formation des chambres législatives, sans manquer à l'intérêt *commun*, en l'assurant au contraire, par un juste équilibre entre les grands travaux qui le composent essentiellement. Nous traiterons ailleurs cette question.

alliance n'est possible entre les trois Ordres aux Etats-Généraux, et que ne pouvant point voter *en commun*, ils ne le peuvent ni par *ordre*, ni par *têtes*. Nous avons promis en finissant le troisième Chapitre, de prouver ici cette vérité, que les bons esprits doivent se hâter de répandre dans le Public.

Il n'est pas, dit une maxime de droit universel, *de plus grand défaut que le défaut de pouvoir*. On le sait, la Noblesse n'est pas députée par le Clergé et le Tiers. Le Clergé n'est point chargé de la procuration des Nobles et des Communes. Donc, chaque Ordre est une Nation distincte, qui n'est pas plus compétente à s'immiscer dans les affaires des autres Ordres, que les États-Généraux de Hollande, ou le Conseil de Venise, par exemple, ne sont habiles à voter dans les délibérations du Parlement d'Angleterre. Un Procureur fondé ne peut lier que ses Commettans, un Représentant n'a droit de porter la parole que pour ses Représentés (1). Si l'on méconnoît cette vérité,

---

(1) Néanmoins, gardons-nous bien de demander la

il

il faut anéantir tous les principes et renoncer à raisonner.

On doit voir, d'après cela, qu'il est, en bonne règle, parfaitement inutile de chercher le rapport ou la *proportion* suivant laquelle chaque Ordre doit concourir à former la volonté générale. Cette volonté ne peut pas être *une* tant que vous laisserez trois Ordres et trois Représentations. Tout au plus, ces trois Assemblées pourroient se réunir dans le même vœu, comme trois Nations alliées peuvent former le même desir. Mais vous

---

réunion des trois Ordres dans chaque Bailliage, pour élire en commun tous les Députés. Ce projet semble aller au-devant de notre difficulté; mais je le regarde, d'autre part, comme extrêmement dangereux, tant qu'on ne commencera point par établir l'égalité des droits *politiques*. Il ne faut pas que le Tiers se prête jamais à une démarche par laquelle on lui feroit reconnoître et consacrer la *distinction* des Ordres et le triomphe absurde de la minorité sur la très-grande pluralité. Cette imprudente conduite seroit aussi nuisible à ses intérêts, à ceux de la Nation, que contraire aux règles les plus simples de la bonne politique et de l'arithmétique.

n'en ferez jamais *une* Nation, *une* Représentation, et *une* volonté commune.

Je sens que ces vérités, toutes certaines qu'elles sont, deviennent embarrassantes dans un Etat qui ne s'est pas formé sous les auspices de la raison et de l'équité politique. Que voulez-vous? votre maison ne se soutient que par artifice, à l'aide d'une forêt d'étaies informes placées sans goût et sans dessein, si ce n'est celui d'étançonner les parties à mesure qu'elles menaçoient ruine; il faut la reconstruire, ou bien vous résoudre à vivre, comme l'on dit, au jour le jour, dans la gêne et dans l'inquiétude d'être, à la fin, écrasé sous ses débris. Tout se tient dans l'ordre social. Si vous en négligez une partie, ce ne sera pas impunément pour les autres. Si vous commencez par le désordre, vous vous en appercevrez nécessairement à ses suites. Cet enchaînement est nécessaire; eh! si l'on pouvoit retirer de l'injustice et de l'absurdité, les mêmes fruits que de la raison et de l'équité, où seroient les avantages de celles-ci?

Vous vous écriez que si le Tiers-Etat s'assemble séparément pour former, non les trois Etats, dits *Généraux*, mais l'Assemblée Nationale, il ne sera pas plus compétent à voter pour le Clergé et la Noblesse, que ces deux Ordres ne le sont à délibérer pour le Peuple. D'abord, je vous prie de remarquer, ainsi que nous venons de le dire, que les Représentans du Tiers auront incontestablement la procuration des vingt-cinq ou vingt-six millions d'individus qui composent la Nation, à l'exception d'environ deux cents mille Nobles ou Prêtres. C'est bien assez pour qu'ils se décernent le titre d'Assemblée nationale. Ils délibéreront donc, sans aucune difficulté, pour la Nation entière, à l'exception seulement de deux cents mille têtes.

Dans cette supposition momentanée, le Clergé pourroit continuer à tenir ses assemblées pour le don gratuit, et la Noblesse adopteroit un moyen quelconque d'offrir son subside au Roi; et pour que les arrangemens particuliers à ces deux Ordres ne pussent jamais devenir onéreux au Tiers, celui-ci commenceroit par déclarer fortement qu'il n'entend payer aucune imposition qui ne seroit pas supportée par les deux autres Ordres. Il ne voteroit le subside qu'à cette condition ; et lors même que le tribut auroit été réglé, il ne seroit point levé sur le Peuple, si l'on appercevoit que le Clergé et la Noblesse s'en exemptassent sous quelque prétexte que ce fût.

Cet arrangement seroit, peut-être, malgré les apparences, aussi bon qu'un autre à ramener peu à peu la Nation à l'unité sociale. Mais du moins il remédieroit, dès à présent, au danger qui menace ce pays. Comment, en effet, le Peuple ne seroit-il pas saisi d'effroi en voyant deux Corps privilégiaires, et peut-être un troisième mi-parti, se disposer, sous le nom d'Etats-Généraux, à décider de son sort, à lui imposer des destinées immuables autant que malheureuses ? Il est trop juste de dissiper les alarmes de vingt-cinq millions d'hommes ; et quand on fait tant que de *parler* constitution, il faut prouver, par ses principes et sa conduite, qu'on en connoît et qu'on en respecte les premiers élémens.

Il est constant que les Députés du Clergé et de la Noblesse ne sont point

Représentans de la Nation ; ils sont donc incompétens à voter pour elle.

Si vous les laissez délibérer dans les matières d'intérêt général, qu'en résultera-t-il ? 1°. Si les votes sont pris par *ordres*, il s'ensuivra que vingt-cinq millions de Citoyens ne pourront rien décider pour l'intérêt général, parce qu'il ne plaira pas à cent ou deux cents mille individus privilégiés ; ou autrement, que les volontés de plus de cent personnes seront frappées d'interdiction, et anéanties par la volonté d'une seule.

2°. Si les votes sont pris par *têtes*, à nombre égal, entre les Privilégiés et les non-Privilégiés, il s'ensuivra toujours que les volontés de deux cents mille personnes pourront balancer celles de vingt-cinq millions, puisqu'elles auront un égal nombre de Representans. Or, n'est-il pas monstrueux de composer une assemblée de manière qu'elle puisse voter pour l'intérêt de la minorité ? N'est-ce pas là une assemblée à l'*envers* ?

Nous avons démontré dans le Chapitre précédent la nécessité de ne reconnoître la volonté *commune*, que dans l'avis de la pluralité. Cette maxime est incontestable. Il suit qu'en France les Représentans du Tiers sont les vrais dépositaires de la volonté nationale. Ils peuvent donc, sans erreur, parler au nom de la Nation entière. Car, en supposant même les Privilégiés réunis toujours unanimes contre la voix du Tiers, ils n'en seroient pas moins incapables de balancer la pluralité dans les délibérations de cet Ordre. Chaque Député du Tiers, d'après le nombre fixé, vote à la place d'environ cinquante mille hommes; il suffiroit donc de statuer que la pluralité sera de cinq voix au-dessus de la moitié, dans la Chambre des Communes, pour que les voix unanimes des deux cents mille Nobles ou Prêtres fussent couvertes par ces cinq voix, et dussent être ainsi regardées comme indifférentes à connoître; et remarquez que, dans cette supposition, j'oublie un moment, que les Députés des deux premiers Ordres ne sont point Représentans de la Nation, et je veux bien admettre encore que siégeant dans la véritable Assemblée nationale, avec la seule influence, pourtant, qui leur appartient, ils opineroient sans relâche contre le vœu de la pluralité. Alors même, il est visible que leur avis seroit perdu dans la minorité.

En voilà bien assez pour démontrer l'obligation où sera le Tiers-Etat de former à lui seul une Assemblée nationale, et pour autoriser, devant la raison et l'équité, la prétention que pourroit avoir cet Ordre, de délibérer et de voter pour la Nation entière sans aucune exception.

Je sais que de tels principes ne seront pas du goût même des Membres du Tiers les plus habiles à défendre ses intérêts. Soit : pourvu que l'on convienne que je suis parti des vrais principes, et que je ne marche qu'à l'appui d'une bonne logique. Ajoutons que le Tiers-État, en se séparant des deux premiers Ordres, ne peut pas être accusé de faire *scission ;* il faut laisser cette imprudente expression, ainsi que le sens qu'elle renferme, à ceux qui l'ont employée les premiers. En effet, la pluralité ne se sépare point du tout ; il y auroit contradiction dans les termes, car il faudroit pour cela qu'elle se séparât d'elle-même. Ce n'est qu'à la minorité qu'il appartient de ne vouloir point se soumettre au vœu du grand nombre, et par conséquent de faire scission.

Cependant notre intention, en montrant au Tiers toute l'étendue de ses ressources ou plutôt de ses droits, n'est point de l'engager à en user en toute rigueur.

J'ai annoncé plus haut pour le Tiers, deux moyens de se mettre en possession de la place qui lui est due dans l'ordre politique. Si le premier, que je viens de présenter, paroît un peu trop brusqué; si l'on juge qu'il faut laisser le temps au Public de s'accoutumer à la liberté; si l'on croit que des droits nationaux, quelqu'évidens qu'ils soient, ont encore besoin, dès qu'ils sont disputés, même par le plus petit nombre, d'une sorte de jugement légal qui les fixe, pour ainsi dire, et les consacre par une dernière sanction; je le veux bien; apelons-en au Tribunal de la Nation, seul Juge compétent dans tous les différends qui touchent à la constitution. Tel est le deuxième moyen ouvert au Tiers.

Ici, nous avons besoin de nous rappeler tout ce qui a été dit dans le Chapitre précédent, tant sur la nécessité de *constituer* le Corps des Représentans ordinaires, que sur celle de ne confier ce grand ouvrage qu'à une députation extraordinaire, ayant *ad hoc* un pouvoir spécial.

On ne niera pas que la Chambre du Tiers aux prochains Etats-Généraux, ne soit très-compétente assurément à convoquer le Royaume en *Représentation extraordinaire*. C'est donc à lui, sur-tout, qu'il appartient de prévenir la généralité des Citoyens sur la fausse constitution de la France. C'est à lui à se plaindre hautement que les Etats-Généraux, composés de plusieurs Ordres, ne peuvent être qu'un Corps mal organisé, incapable de remplir ses fonctions nationales; c'est à lui à démontrer en même temps la nécessité de donner à une députation extraordinaire, un pouvoir spécial pour régler, par des loix certaines, les formes constitutives de sa législature.

Jusque-là, l'Ordre du Tiers suspendra, non pas ses travaux préparatoires, mais l'exercice de son pouvoir; il ne statuera rien définitivement ; il attendra que la Nation ait jugé le grand procès qui divise les trois Ordres. Telle est, j'en conviens, la marche la plus franche, la plus généreuse, et par conséquent la plus convenable à la dignité du Tiers-Etat.

Le Tiers peut donc se considérer sous deux rapports : sous le premier, il ne se regarde que comme *un Ordre* ; il veut bien alors ne pas secouer tout-à-fait les préjugés de l'ancienne barbarie ; il distingue deux autres Ordres dans l'Etat, sans leur attribuer pourtant d'autre influence que celle qui peut se concilier avec la nature des choses ; et il a pour eux tous les égards possibles, en consentant à douter de ses droits jusqu'à la décision du Juge suprême.

Sous le second rapport, il est la *Nation*. En cette qualité, ses représentans forment toute l'Assemblée Nationale ; ils en ont tous les pouvoirs. Puisqu'ils sont *seuls* dépositaires de la volonté générale, ils n'ont pas besoin de consulter leurs commettans sur une dissention qui n'existe pas. S'ils ont à demander une constitution, c'est d'un commun accord ; ils sont toujours prêts à se soumettre aux loix qu'il plaira à la Nation de leur donner; mais, ils n'ont à la provoquer sur aucune des questions qui sont nées de la pluralité des Ordres. Pour eux, il n'y a qu'un Ordre, c'est-à-dire, il n'y en a point, puisque pour la Nation il ne peut y avoir que la Nation.

L'envoi d'une députation *extraordinaire*, ou du moins la concession d'un nouveau pouvoir spécial, ainsi qu'elle a été expliquée ci-dessus, pour régler, avant tout, la grande affaire de la constitution, est donc le vrai moyen de mettre fin à la dissention actuelle et aux troubles possibles de la Nation. N'y eût-il rien à craindre de ces troubles, ce seroit encore une mesure nécessaire à prendre, parce que, tranquilles ou non, nous ne pouvons pas nous passer de connoître nos droits politiques, et de nous en mettre en possession. Cette nécessité nous paroîtra plus pressante encore, si nous songeons que les droits politiques sont la seule garantie des droits civils, et de la liberté individuelle. J'invite le lecteur à réfléchir sur cette proposition.

Je terminerois ici mon Mémoire sur le

Tiers-Etat, si je n'avois entrepris que d'offrir des moyens de conduite.... Mais je me suis proposé encore de développer des principes. Qu'il me soit donc permis de suivre les intérêts du Tiers, jusque dans la discussion publique qui pourra s'élever sur la véritable *composition* d'une Assemblée nationale. Les représentans extraordinaires auront-ils égard, en fixant la constitution législative, à l'odieuse et impolitique *distinction* des Ordres? Ce n'est point des affaires ni du pouvoir que je vais parler, mais des loix qui doivent déterminer la composition personnelle des Députations. Y mettra-t-on, outre les Citoyens, des Prêtres et des Nobles à un autre titre que celui de Citoyen; et sur-tout leur laissera-t-on exercer, à cet égard, des droits séparés et supérieurs? Grandes questions, dont il faut au moins exposer les vrais principes.

Attachons-nous d'abord à comprendre clairement quel est l'*objet* ou le *but* de l'Assemblée représentative d'une Nation; cet *objet* ne peut pas être différent de celui que se proposeroit la Nation elle-même, si elle pouvoit se réunir et conférer dans le même lieu.

Qu'est-ce que la volonté d'une Nation? C'est le résultat des volontés individuelles, comme la Nation est l'assemblage des individus. Il est impossible de concevoir une association légitime qui n'ait pas pour objet la sécurité commune, la liberté commune, enfin la chose publique. Sans doute, chaque particulier se propose, en outre, des fins particulières; il se dit : à l'abri de la sécurité commune, je me livrerai tranquillement à mes projets personnels, je suivrai ma félicité comme je l'entendrai, assuré de ne rencontrer de bornes légales à mes desirs que celles que la société me prescrira pour l'intérêt commun, auquel j'ai part, et avec lequel mon intérêt particulier a fait une alliance si utile.

Mais conçoit-on qu'il puisse y avoir dans l'Assemblée générale, un membre assez insensé pour oser tenir ce langage : « Vous voilà réunis, non pour délibérer sur nos affaires communes, mais pour vous occuper des miennes en particulier, et de celles d'une petite coterie que j'ai formée avec quelques-uns d'entre vous ».

Dire que des associés s'assemblent pour régler les choses qui les regardent en *commun*, c'est expliquer le seul motif qui a pu engager les membres à entrer dans l'association, c'est dire une de ces vérités premières, si simples, qu'on les affoiblit en voulant les prouver. Voilà donc l'objet de l'Assemblée : les affaires communes.

Actuellement, il est intéressant de s'expliquer comment tous les membres d'une Assemblée nationale vont concourir par leurs volontés individuelles à former cette volonté commune, qui ne doit aller qu'à l'intérêt public.

Présentons d'abord ce jeu ou ce mécanisme politique dans la supposition la plus avantageuse : ce seroit celle où l'esprit public, dans sa plus grande force, ne permettroit de manifester à l'Assemblée que l'activité de l'intérêt commun. Ces prodiges ont été clair-semés sur la terre, et aucun n'a duré long-temps. Ce seroit bien mal connoître les hommes, que de lier la destinée des sociétés à des efforts de vertu. Il faut que dans la décadence même des mœurs publiques, lorsque l'égoïsme paroît gouverner toutes les ames, il faut, dis-je, que même dans ces longs intervalles, l'assemblée d'une Nation soit tellement constituée, que les intérêts particuliers y restent isolés, et que le vœu de la pluralité y soit toujours conforme au bien général. Cet effet est assuré, si la constitution est supportable.

Remarquons dans le cœur des hommes trois espèces d'intérêt : 1°. Celui par lequel les Citoyens se ressemblent ; il présente la juste étendue de l'intérêt commun. 2°. Celui par lequel un individu s'allie à quelques autres seulement ; c'est l'intérêt de corps ; et enfin, 3°. celui par lequel chacun s'isole, ne songeant qu'à soi ; c'est l'intérêt personnel.

L'intérêt par lequel un homme s'accorde avec tous ses co-associés, est évidemment l'*objet* de la volonté de tous, et celui de l'assemblée commune.

Chaque Votant peut apporter à l'Assemblée ses deux autres intérêts ; soit. Mais d'abord, l'intérêt personnel n'est point à craindre ; il est isolé. Chacun a le sien. Sa diversité est son véritable remède.

La grande difficulté vient donc de l'intérêt par lequel un Citoyen s'accorde avec quelques autres seulement. Celui-ci permet de se concerter, de se liguer ; par lui se combinent les projets dangereux pour la communauté ; par lui se forment les ennemis publics les plus redoutables. L'Histoire est pleine de cette triste vérité.

Qu'on ne soit donc pas étonné si l'ordre social exige avec tant de rigueur de ne point laisser les simples Citoyens se disposer en *corporations*, s'il exige même que les Mandataires du pouvoir public, qui seuls, par la nécessité des choses, doivent former de véritables *corps*, renoncent tant que dure leur emploi, à être élus pour la représentation législative.

Ainsi, et non autrement, l'intérêt commun est assuré de dominer les intérêts particuliers.

A ces seules conditions, nous pouvons nous rendre raison de la possibilité de fonder les associations humaines sur l'avantage général des associés, et par conséquent nous expliquer la *légitimité* des sociétés politiques.

Ainsi, et non autrement, on arrive à la solution de notre problême, et l'on s'explique comment, *dans une Assemblée nationale, les intérêts particuliers doivent rester isolés, et le vœu de la pluralité doit y être toujours conforme au bien général.*

En méditant ces principes, on sent, avec force, la nécessité de constituer l'Assemblée représentative sur un plan qui ne lui permette pas de se former un esprit de corps, et de dégénérer en aristocratie. De-là ces maximes fondamentales, suffisamment développées ailleurs (1), que le corps des Représentans doit être régénéré par tiers tous les ans; que les Députés qui finissent leur temps, ne doivent être, de nouveau, éligibles qu'après un intervalle suffisant pour laisser au plus grand nombre possible de Citoyens la facilité de prendre part à la chose publique, qui ne seroit plus, si elle pouvoit être regardée comme la chose propre à un certain nombre de familles, etc. etc.

Mais, lorsqu'au-lieu de rendre hommage à ces premières notions, à ces principes si clairs et si certains, le législateur crée, au contraire, lui-même des corporations dans l'Etat, avoue toutes celles qui se

(1) Voyez les *Vues sur les moyens d'exécution*, Sect. III.

forment, les consacre par sa puissance, quand enfin il ose appeler les plus grandes les plus privilégiées, et par conséquent les plus funestes, à faire partie, sous le nom d'*Ordres*, de la représentation nationale, on croit voir le mauvais principe s'efforcant de tout gâter, de tout ruiner, de tout bouleverser parmi les hommes. Pour combler et consolider le désordre social, il ne restoit plus qu'à donner à ces terribles *jurandes* une prépondérance réelle sur le grand corps de la Nation ; et c'est ce qu'on pourroit accuser le législateur d'avoir fait en France, s'il n'étoit plus naturel d'imputer la plupart des maux qui affligent ce superbe Royaume au cours aveugle des événemens, ou à l'ignorance et à la férocité de nos devanciers.

Nous connoissons le véritable *objet* d'une Assemblée nationale ; elle n'est point faite pour s'occuper des affaires particulières des Citoyens, elle ne les considère qu'en masse et sous le point-de-vue de l'intérêt *commun*. Tirons en la conséquence naturelle que le droit à se faire *représenter* n'appartient aux Citoyens qu'à cause des qualités qui leur sont communes, et non à cause de celles qui les différencient.

Les avantages par lesquels les Citoyens diffèrent, sont *au-delà* du caractère de Citoyen. Les inégalités de propriété et d'industrie sont comme les inégalités d'âge, de sexe, de taille, de couleur, etc. Elles ne dénaturent nullement l'*égalité* du civisme; les droits du civisme ne peuvent point s'attacher à des différences. Sans doute, ces avantages *particuliers* sont sous la sauvegarde de la Loi; mais ce n'est pas au législateur à en créer de cette nature, à donner des priviléges aux uns, à les refuser aux autres. La loi n'accorde rien, elle protége ce qui est, jusqu'au moment où ce qui est, commence à nuire à l'intérêt commun. Là seulement sont placées les limites de la liberté individuelle. Je me figure la loi au centre d'un globe immense; tous les Citoyens, sans exception, sont à la même distance sur la circonférence, et n'y occupent que des places égales; tous dépendent également de la loi, tous lui offrent leur liberté et leur propriété à protéger; et c'est ce que j'appelle les *droits communs* de Citoyens, par où ils se ressemblent tous. Tous ces individus correspondent entr'eux, ils négocient, ils s'engagent les uns envers les autres, toujours sous la garantie commune de la loi. Si dans ce mouvement général quelqu'un veut dominer la personne de son voisin, ou usurper sa propriété, la loi commune réprime cet attentat, mais elle n'empêche point que chacun, suivant ses facultés naturelles et acquises, suivant des hasards plus ou moins favorables, n'enfle sa propriété de tout ce que le sort prospère, ou un travail plus fécond pourra y ajouter, et ne puisse, sans *déborder* sa place légale, s'élever ou se composer, en son particulier, le bonheur le plus conforme à ses goûts et le plus digne d'envie. La loi, en protégeant les droits communs de tout Citoyen, protége chaque Citoyen dans tout ce qu'il peut être, jusqu'à l'instant où ses tentatives blesseroient les droits d'autrui (1).

---

(1) Je ne me charge point de répondre aux pauvretés verbeuses, si plaisantes quelquefois par le non-sens, mais si méprisables par l'intention, que de petites femmes et de petits hommes débitent ridiculement sur l'épouvantable mot d'*égalité*. Ces malveillantes puéri-

Peut-être reviens-je un peu trop sur les mêmes idées ; mais je n'ai pas le temps de les réduire à leur plus parfaite simplicité ; et d'ailleurs, ce n'est pas lorsqu'on présente des notions trop méconnues, qu'il est bon d'être si concis.

Les intérêts par lesquels les Citoyens se ressemblent, sont donc les seuls qu'ils puissent traiter en commun, les seuls par lesquels, et au nom desquels, ils puissent réclamer des droits politiques, c'est-à-dire, une part active à la formation de la loi sociale, les seuls, par conséquent, qui impriment au Citoyen la qualité *représentable*.

Ce n'est donc pas parce qu'on est *privilégié*, mais parce qu'on est *Citoyen*, qu'on a droit à l'élection des Députés et à l'éligibilité. Tout ce qui appartient aux Citoyens, je le répète, avantages communs, avantages particuliers, pourvu que ceux-

lités n'auront qu'un temps, et ce temps passé, un Ecrivain seroit bien honteux d'avoir employé sa plume à réfuter de pitoyables radotages, qui étonneroient alors ceux même qui s'en honorent aujourd'hui, et leur feroient dire avec dédain : *Mais cet Auteur nous prend donc pour des imbécilles !*

ci ne blessent pas la Loi, ont droit à la protection; mais l'union sociale n'ayant pu se faire que par des points communs, il n'y a que la qualité commune qui ait droit à la législation. Il suit de là que l'intérêt de Corps, loin d'influer dans la législature, ne peut que la mettre en défiance; il sera toujours aussi opposé à l'objet, qu'étranger à la mission d'un Corps de Représentans.

Ces principes deviennent plus rigoureux encore quand il s'agit des *Ordres privilégiaires*. J'entends par privilégié tout homme qui sort du droit commun, soit parce qu'il prétend n'être pas soumis *en tout* à la loi commune, soit parce qu'il prétend à des droits *exclusifs*. Nous avons suffisamment prouvé ailleurs, que tout privilége étoit, de sa nature, injuste, odieux, & contraire au pacte social. Une classe privilégiaire est à la Nation, ce que les avantages particuliers sont au Citoyen; comme eux, elle n'est point *représentable*. Je n'en dis pas assez, une classe privilégiaire est à la Nation ce que des avantages particuliers *nuisibles* sont au Citoyen; le législateur fait son devoir en les supprimant. Ce parallele présente une dernière différence : c'est qu'un avantage particulier nuisible aux autres, est au moins utile à celui qui le possède, au-lieu qu'une classe privilégiaire est un fléau pour la Nation qui l'endure ; de sorte que pour arriver à une comparaison exacte, on est forcé de considérer la classe privilégiaire dans une Nation, comme on regarderoit sur le corps d'un malheureux, une maladie affreuse qui lui dévoreroit la chair vive. Couvrez-la, vous en avez besoin, de toutes les distinctions *honorifiques* dont vous pourrez vous aviser.

Une classe privilégiaire est donc nuisible, non-seulement par l'esprit de Corps, mais par son existence seule. Plus elle a obtenu de ces faveurs nécessairement contraires à la liberté commune, plus il est essentiel de l'écarter de l'Assemblée Nationale. Le privilégié ne seroit *représentable* que par sa qualité de Citoyen ; mais en lui cette qualité est détruite, il est hors du civisme, il est ennemi des droits communs (1). Lui donner un droit à la

---

(1) Voyez l'*Essai sur les Privilèges*.

représentation, seroit une contradiction manifeste dans la loi; la Nation n'auroit pu s'y soumettre que par un acte de servitude; et c'est ce qu'on ne peut supposer.

Lorsque nous avons prouvé que le Mandataire du pouvoir actif ne devoit être ni Électeur, ni éligible pour la représentation législative, nous n'avons pas cessé, pour cela, de le regarder comme un vrai Citoyen; il l'est, comme tous les autres, par ses droits individuels; et les fonctions nécessaires et honorables qui le distinguent, loin de détruire en lui le civisme, loin de le choquer dans autrui, sont, au contraire, établies pour en servir les droits. S'il est pourtant nécessaire de suspendre l'exercice de ses droits politiques, que doit-ce être de ceux qui, méprisant les droits communs, s'en sont composé de tels, que la Nation y est étrangère, de ces hommes dont l'existence seule est une hostilité continuelle contre le grand Corps du Peuple? Certes, ceux-là ont renoncé au caractère de Citoyen, et ils doivent être exclus des droits d'Électeur et d'Éligible plus sûrement encore que vous n'en écarteriez un étranger dont au moins l'intérêt avoué pourroit bien n'être pas opposé au vôtre.

Résumons : il est de principe que tout ce qui sort de la qualité commune de Citoyen, ne sauroit participer aux droits politiques. La législature d'un Peuple ne peut être chargée de pourvoir qu'à l'intérêt général. Mais si, au-lieu d'une simple distinction indifférente presque à la loi, il existe des Privilégiés ennemis par état de l'ordre commun, ils doivent être positivement exclus. Ils ne peuvent être ni Électeurs, ni éligibles tant que dureront leurs odieux priviléges.

Je sais que de pareils principes vont paroître *extravagans* à la plupart des lecteurs. La vérité doit paroître aussi étrange au préjugé, que celui-ci peut l'être pour la vérité. Tout est relatif. Que mes principes soient certains, que mes conséquences soient bien déduites, il me suffit.

Au moins, dira-t-on, ce sont-là des choses absolument *impraticables* par le temps qui court. Aussi je ne me charge point de les pratiquer. Mon rôle, à moi, est celui de tous les Écrivains patriotes ; il consiste à publier la vérité. D'autres s'en rapprocheront plus ou moins, selon leur force et selon les circonstances, ou bien s'en écarteront par mauvaise foi ; et alors nous souffrirons ce que nous ne pouvons pas empêcher. Si tout le monde pensoit *vrai*, les plus grands changemens, dès-qu'ils présenteroient un objet d'utilité publique, n'auroient rien de difficile. Que puis-je faire de mieux que d'aider de toutes mes forces à répandre cette vérité qui prépare les voies ? On commence par la mal recevoir, peu-à-peu les esprits s'y accoutument, l'opinion publique se forme, et, enfin, l'on apperçoit *à l'exécution*, des principes qu'on avoit d'abord traités de folles chimères. Dans presque tous les ordres de préjugés, si des Écrivains n'avoient consenti à passer pour *fous*, le monde en seroit aujourd'hui moins *sage*.

Je rencontre par-tout, de ces gens qui, par modération, voudroient *détailler* la verité, ou n'en présenter à la fois que de légères parcelles. Je doute qu'ils s'entendent lorsqu'ils parlent ainsi. A coup sûr, ils ne considérent pas assez la différence des obligations imposées à l'Administrateur et au Philosophe. Le premier *s*'avance comme il peut; pourvû qu'il ne sorte pas du bon chemin, on n'a que des éloges à lui donner. Mais ce chemin doit avoir été percé jusqu'au bout par le Philosophe. Il doit être arrivé au terme, sans quoi il ne pourroit point garantir que c'est véritablement le chemin qui y mène.

S'il prétend m'arrêter quand il lui plaît, et comme il lui plaît, sous prétexte de prudence, comment saurai-je qu'il me conduit bien? faudra-t-il l'en croire sur parole? Ce n'est pas dans l'ordre de la raison qu'on se permet une confiance aveugle.

Il semble, en vérité, qu'on veut et qu'on espère, en ne disant qu'un mot après l'autre, surprendre un ennemi, le faire donner dans un piége. Je ne veux point discuter si même entre particuliers, une conduite franche n'est pas aussi la plus habile ; mais à coup sûr, l'art des réticences, et toutes ces finesses de conduite, que l'on croit le fruit de l'expérience des hommes, sont une vraie folie dans des affaires nationales traitées publiquement par tant d'intérêts réels et éclairés. Ici, le vrai moyen d'avancer ses affaires n'est pas de cacher à son ennemi ce qu'il sait aussi-bien que nous, mais de pénétrer la pluralité des Citoyens de la justice de leur cause.

On imagine faussement que la vérité peut se diviser, s'isoler, et entrer ainsi, en petites *portions*, plus facilement dans l'esprit. Non : le plus souvent il faut de bonnes secousses ; la vérité n'a pas trop de toute sa lumière pour produire de ces impressions fortes, qui la gravent pour jamais au fond de l'ame, de ces impressions d'où naît un *intérêt* passionné pour ce qu'on a reconnu vrai, beau et utile. Faites-y attention : dans le monde physique, ce n'est pas du rayon direct, c'est de ses reflets que naît la lumière ; dans le monde moral, c'est du rapport et de l'ensemble de toutes les vérités qui appartiennent à un sujet. A défaut de cet ensemble, on ne se sent jamais suffisamment éclairé, et l'on croit souvent tenir une vérité, qu'il faudra abandonner à mesure qu'on méditera davantage.

Quelle pauvre idée on a de la marche de la raison, quand on pense qu'un Peuple entier peut rester aveugle sur ses vrais intérêts, et que les vérités les plus utiles, concentrées dans quelques têtes seulement, ne doivent paroître, qu'à mesure qu'un habile Administrateur en aura besoin pour le succès de ses opérations! D'abord cette vue est fausse, parce qu'elle est impossible à suivre. De plus, elle est mauvaise; ignore-t-on que la vérité ne s'insinue que lentement dans une masse aussi énorme que l'est une Nation? Il n'y aura toujours que trop de temps perdu. Ne faut-il pas laisser aux hommes que la vérité gêne, le temps de s'y accoutumer; aux jeunes gens qui la reçoivent avidement, celui de devenir quelque chose, et aux vieillards celui de n'être plus rien? En un mot, veut-on attendre pour semer, le moment de la récolte ?

La raison, d'ailleurs, n'aime point le mystère ; elle n'est puissante en œuvres, que par une grande expansion ; ce n'est qu'en frappant par-tout, qu'elle frappe juste, parce que c'est ainsi que se forme l'opinion publique, à laquelle on doit peut-être attribuer la plupart des changemens vraiment avantageux aux Peuples, et à laquelle seule il appartient d'être utile aux Peuples libres.

Les esprits, dites-vous, ne sont pas encore disposés à vous entendre, vous allez choquer beaucoup de monde ? Il le faut ainsi : la vérité la plus utile à publier, n'est pas celle dont on étoit déjà assez voisin, ce n'est pas celle que l'on étoit déjà près d'accueillir. Non, c'est précisément parce qu'elle va irriter plus de préjugés et plus d'intérêts personnels, qu'il est plus nécessaire de la répandre.

On ne fait pas attention que le préjugé qui mérite le plus de ménagement, est celui qui se joint à la bonne-foi ; que l'intérêt personnel le plus dangereux à irriter, est celui auquel la bonne foi prête toute l'énergie du sentiment qu'on a pour soi la justice. Il faut ôter aux ennemis de la Nation cette force étrangère, il faut, en les éclairant, les condamner à la conscience *affoiblissante* de la mauvaise foi.

Les personnes modérées à qui j'adresse ces réflexions, cesseront de craindre pour le sort des vérités qu'elles appellent prématurées, lorsqu'elles cesseront de confondre la conduite mesurée et prudente de l'Administrateur qui gâteroit tout en effet, en ne calculant pas les résistances, avec le libre élan du Philosophe que la vue des difficultés ne peut qu'exciter davantage, à qui il n'appartient même pas de négocier avec elles, et qui est d'autant plus appelé à présenter les bons principes sociaux, que les esprits sont plus encroûtés de barbarie féodale.

Lorsque le Philosophe perce une route, il n'a à faire qu'aux *erreurs*; s'il veut avancer, il doit les abattre sans ménagement. L'Administrateur vient ensuite; il rencontre les *intérêts*, plus difficiles à aborder, j'en conviens; ici il faut un talent nouveau, une science plus rare, différente des seules méditations de l'Homme de Cabinet ; mais qu'on ne s'y trompe pas, bien plus étrangère encore à l'art de tels et tels Ministres, qui se sont cru Administrateurs, parce qu'ils n'étoient pas Philosophes.

A son tour, on voudra bien reconnoître si l'on est juste, que les spéculations des Philosophes ne méritent pas toujours d'être dédaigneusement reléguées dans la classe des pures chimères. Si l'opinion finit par dicter des loix, même aux Législateurs, certes, celui qui peut influer sur la formation de cette opinion n'est pas aussi inutile, aussi inactif que le prétendent tant de gens qui n'ont jamais influé sur rien.

Les discoureurs sans idées, et il en est quelques-uns de ce genre, rabachent sans fin, de misérables propos sur ce qu'ils appellent l'importance de la pratique, et l'inutilité ou le danger de la théorie. Je n'ai qu'un mot à dire : supposez telle suite qu'il vous plaira de *faits* les plus sages, les plus utiles, les plus excellents possibles ; eh bien ! croyez-vous qu'il n'existe pas dans

l'ordre